나는 당신이
행복하기를 소망합니다

인생이 가르쳐 준 40가지 비밀
나는 당신이 행복하기를 소망합니다

초판 1쇄 인쇄 2024년 12월 20일
초판 1쇄 발행 2025년 01월 06일

신고번호 제313-2010-376호
등록번호 105-91-58839

지은이 백정미

발행처 보민출판사
발행인 김국환
기획 김신희
편집 조예슬
디자인 다인디자인

ISBN 979-11-6957-280-4   03810

주소 경기도 파주시 해올로 11, 우미린더퍼스트@ 상가 2동 109호
전화 070-8615-7449
사이트 www.bominbook.com

• 가격은 뒤표지에 있으며, 파본은 구입하신 서점에서 교환해드립니다.
• 이 책은 저작권법에 의하여 보호를 받는 저작물이므로 무단 전재와 복사를 금합니다.

인생이 가르쳐 준 40가지 비밀

나는 당신이 행복하기를 소망합니다

백정미 에세이

자신이 살아가고 있는 지금 이 순간이
얼마나 귀한 시간인지 깨닫게 될 것이다.

백정미 작가의 글은 진지하고 따뜻하다. 고난과 기쁨이 뒤섞인 삶의 여정 속에서 체득한 깊은 통찰과, 그것을 나누고자 하는 진심 어린 소망이 녹아 있다. 이 책은 인생이 건네준 40가지의 비밀을 통해 우리가 흔히 지나치기 쉬운 삶의 본질을 들여다보게 한다. 첫 번째 비밀인 "뿌리는 대로 못 거둘 수도 있다"는 우리의 기대와 현실 사이의 불일치를 품는 법을 이야기하며, 우리의 인생이 기대하지 않은 방향으로 흘러갈 때도 그것이 삶의 일부임을 받아들이라고 조언한다. 반면, 두 번째 비밀인 "탐구하는 사람이 발전한다"는 끊임없이 질문하고 노력할 때 삶이 한 걸음씩 더 짙어간다고 말한다. 작가의 메시지는 흔히 말하는 자기계발 이론이 아니라, 삶을 살아가는 진지함에 대해 성찰하게 한다.

작가는 책 전반에 걸쳐 독자들에게 "삶은 결코 완벽하지 않아도 가치 있다"는 메시지를 전한다. 현실에서 경험한 작은 이야기와 예화들은 독자들에게 친근하게 다가오면서도 마음 깊은 곳을 두드린다. 한 여인이 오랜 고통 속에서도 묵묵히 살아가며 마주한 내면의 변화를 읽어가는 동안, 우리는 자신의 모습을 투영하며 그 이야기에 스며들게 된다. 작가는 삶의 불확실성조차도 우리가 받아들여야 할 아름다운 요소임을 차분한 어조로 들려준다. "작은 것에도 감사하는 사람에게 복이 찾아온다"라는 챕터에서는 감사가 단순한 덕목을 넘어 우리 삶을 변화시키는 본질임을 강조한다. 이 책은 눈에 보이는 크고 화려한 성취가 아닌, 매 순간의 작은 행복을 바라보는 법을 깨닫게 한다. 작가는 말한다. "오늘의 감사가 우리의 내일을 바꾼다." 그 말은 단순한 교훈이 아니라, 매일을 살아가는 독자들에게 주어진 실제적인 삶의 안내서처럼 느껴진다.

또한, 백정미 작가가 이야기하는 '인생의 부메랑 법칙'은 관계와 나눔의 본질을 꿰뚫는다. 우리가 세상에 던진 사랑, 관심, 그리고 선의가 결국 우리에게 돌아오리라는 믿음은 이 책이 전하는 가장 따뜻한 약속 중 하나다. 반대로, 우리가 방치한 상처와 무관심 역시 우리의 삶에 흔적을 남긴다는 사실을 상기시키며, 사랑으로 채운 삶이 어떤 열매를 맺을 수 있는지 진지하게 생각하게 한다.

　이 책《나는 당신이 행복하기를 소망합니다》는 우리 각자가 가진 내면의 힘을 깨닫고, 스스로 삶의 주인이 되는 길로 이끄는 지혜의 등불이다. 작가의 글은 너무도 따뜻하면서도 깊이 있어, 읽는 내내 마음속에서 무언가가 녹아내리는 듯한 감동을 준다. 행복은 먼 곳에 있지 않다. 작가는 독자들에게 지금 이 순간에도 행복이 숨 쉬고 있다고 속삭인다. 그리고 그것을 느낄 수 있도록 조용히 응원한다. 이 책을 읽는 동안 독자는 자신이 얼마나 소중한 존재인지, 자신이 살아가고 있는 지금 이 순간이 얼마나 귀한 시간인지 깨닫게 될 것이다.

2024년 12월
편집위원 **김선희**

"인생이 가르쳐 준 40가지 비밀을
여러분에게 선물합니다"

　　인생은 모질고 숨 막히게 괴롭습니다. 하지만 버릴 수 없는 것이 인생입니다. 부모님을 여의고서도 살아가야 하는 것이 인생이고 홀로 있어도 살아내야 하는 것이 인생입니다. 왜냐하면 내 인생이기 때문입니다. 슬퍼하지 말아요. 이것은 내 인생입니다. 우리에게 주어진 단 한 번의 시간입니다.

　　인생이 내게 가르쳐 준 40가지 비밀을 여러분에게 선물합니다. 이 글이 여러분에게 삶의 지침이 되어주기를 바랍니다. 어떤 고난과 시련도 우리를 넘어뜨릴 수는 없습니다. 우리가 스스로 꺾이기 전에는 말입니다. 가시밭 같은 내 인생이어도 우리는 살아가야 합니다. 때로는 그 가시에 찔려서 피가 흐르고 가시밭에 넘어지고 다쳐도 내 인생이니까 살아내야 합니다. 끝까지 살아남아서 행복해야 합니다. 내 인생을 사랑하는 법은 무엇일까요. 지치지 않고 항상 긍정적으로 살아갈 수 있는 비법, 바로 이 책에 남김없이 담을 것입니다. 오늘도 눈물겨운 하루를 살아가는 당신을 위해.

2024년 12월

지은이 **백정미**

목차

추천사 _ 4

프롤로그 _ 7

01. 뿌리는 대로 못 거둘 수도 있다 _ 12

02. 탐구하는 사람이 발전한다 _ 16

03. 남에게 슬픔을 안겨주면 내 자신도 아프다 _ 19

04. 성공하려면 노력하라 _ 23

05. 행복은 현재라는 순간에 있다 _ 27

06. 세상 모든 것은 변한다 _ 30

07. 정직해야만 성공한다 _ 33

08. 작은 것에도 감사하는 사람에게 복이 찾아온다 _ 37

09. 불행하지 않으려면 사유하라 _ 41

10. 흘러가는 대로 내버려 두어라 _ 45

11. 다른 존재에게 보낸 것은 대부분 되돌아온다 _ 49

12. 불안해하면 염려하던 일이 일어날 가능성이 높아진다 _ 53

13. 친구가 되려면 우선 들어라 _ 57

14. 삶의 최저점에 다다르면 반드시 회복된다 _ 61

15. 부지런하고 성실한 태도가 호감을 갖게 한다 _ 65

16. 생각하지 않고 사는 것은 스스로를 죽이는 행위다 _ 69

17. 사색함으로써 생각은 완성된다 _ 73

18. 운명은 기회를 잡으려는 자에게 기회를 준다 _ 78

19. 인생에는 빛과 어둠이 있다 _ 82

20. 비우면 더 많은 것이 얻어진다 _ 86

21. 잊어주는 것이 최고의 용서다 _ 90

22. 이별은 반드시 찾아온다 _ 94

23. 인간은 우주로 회귀한다 _ 98

24. 자신의 일을 사랑하면 최고가 될 수 있다 _ 102

25. 희망 없이는 아무것도 이룰 수 없다 _ 106

26. 존경받으려면 겸손해야 한다 _ 110

27. 하나를 얻으려면 하나 이상을 내놓아라 _ 113

28. 외롭지 않으려거든 먼저 다가서라 _ 118

29. 신뢰를 쌓아라, 그러면 인정받을 것이다 _ 122

30. 미소는 미소로 보답받는다 _ 126

31. 건강하지 않으면 아무것도 이룰 수 없다 _ 130

32. 주체적으로 삶을 경영해야 행복해진다 _ 133

33. 인연을 끊지 마라, 언젠가는 그가 은인이 될 것이다 _ 137

34. 자신이 맡은 일은 정직한 자세로 정성 들여 해야 한다 _ 140

35. 긍정하는 습관이 자유로운 삶을 만든다 _ 143

36. 이기려면 져라 _ 147

37. 과도한 욕심은 인생을 황폐화시킨다 _ 150

38. 침묵은 삶의 질을 높인다 _ 154

39. 거절도 기술이다, 예의 바르게 하라 _ 157

40. 세상에 무엇을 남길 것인가 생각하라 _ 161

인생이 가르쳐 준 40가지 비밀

나는 당신이
행복하기를 소망합니다

01

뿌리는 대로 못 거둘 수도 있다
- *인생의 예외성*

인생은 긍정적인 면과 부정적인 면이 공존하는 양날의 검과 같다. 인생의 긍정적인 면에서 보자면 뿌리는 대로 거둔다는 말은 진실이다. 그러나 다른 날인 부정적인 면 또한 간과해서는 안 될 일이다. 인생의 부정적인 면에서 바라보자면 뿌리는 대로 거둘 수 없다고 봐도 진실이다. 이 말은 언뜻 듣기에 인간을 비관론자로 만드는 말 같지만 오히려 인간에게 인생의 참모습을 가르쳐 주는 고언이 아닐까 싶다.

인생의 예외성을 아는가. 인생 역시 다른 여느 것처럼 예외적인 면이 있다. 이것이 바로 일반적인 인생에 대한 기대치를 벗어난 결과로써 인생의 부정적인 면이라고 할 수 있다. 사람들은 기대한다. 열심히 일하면 부자가 될 거야, 잠자지 않고 공부하면 성적이 오르겠지, 내가 진심을 다하면 상대방이 내 마음을 다 헤아려 줄 거야. 그렇지만 모두 그렇게 이루어지지는 않는다. 이 진리는 인생이 내게 가르쳐 준 첫 번째 비밀이다. 뿌리는 대로 못 거둘 수도 있다는 것이 인생의 숨겨진 원리다. 이 원리는 모든 인간에게 공평하게 적용된다. 그러므로 만일 그대가 그런 상황에 처하거든 본인만 인생의 부정적인 면과 맞닥뜨렸다고 슬퍼할 것이 없다.

60대가 넘어선 한 여인이 내게 이메일로 하소연을 했다. 내가 쓴 책을 감명 깊게 읽었다는 여인은 나에게 허심탄회한 속마음을 털어놓았다. 그녀의 사연은 대강 이러했다. 남편은 신혼 초부터 줄곧 바람을 피우고 생활비도 주지 않았다. 또한 그는 단 한 번도 자신에게 사랑한다고 말한 적이 없었다. 반면에 자신은 목숨을 걸고 가정을 지키기 위해 안 해본 일 없이 고생했다. 식당에서 설거지도 하고 빌딩 화장실 청소도 하면서 그렇게 오십 년을 살아왔다. 언젠가는 남편이 자신의 마음을 알아주고 사랑해 줄 것을 기대했다. 하지만 남편은 하나도 변하지 않았고 오히려 손자 앞에서도 폭력을 휘두르고 자신을 무시했다. 그나마 의지하고 있던 자식들도 엄마의 마음을 이해해 주지 않아서 슬프다고 하였다.

위의 사연을 보자. 평생 자신을 무시하고 가장의 의무를 소홀히 한 남편에 대한 원망이 가득하다. 또한 자신이 그동안 해온 것들에 대한 보상이 없음을 자책하기도 한다. 뿌리는 대로 거둔다는 인생의 긍정적인 면만 바라보았기 때문에 여인은 불행하다고 느낄 가능성이 짙다. 일평생 고생하고 희생하였으면 그만한 대가가 있어야 하는 것 아닌가, 하는 의구심이 깔려 있기에 현실이 고통스러운 것이다. 하지만 주의해서 생각해 보자. 뿌리는 대로 못 거둘 수도 있다는, 인생의 부정적인 면에서 바라본다면 그다지 놀랄 일도 아니다. 오히려 당연한 일일 수도 있다.

"그래, 인생은 뿌리는 대로 못 거둘 수도 있지."

즉 이 말은 이렇게 해석해 보면 된다.

"그래, 내가 일평생 자식과 남편을 위해 노력하고 뼈 빠지게 고생했지만 그들이 나의 노고를 몰라줄 수도 있지. 이건 내가 예상했던 일이야. 그들이 어떻게 반응하건 상관없이 난 나의 인생을 살 거야. 어차피 인생은 뿌리는 대로 못 거둘 수도 있는 것이니까."

인생은 내게 자신이 지닌 비밀을 전부 다 가르쳐 주기로 약속했다. 그가 말한 첫 번째 비밀은 인생의 예외성에 관한 것이다. 인생은 말하였다.

"그대여, 지금 무엇을 뿌리고 있나요? 그것을 거둘 수 있는 가능성은 99퍼센트입니다. 그렇지만 나머지 1퍼센트는 못 거둘 수도 있는 것이 인생이랍니다. 모두 거둘 수 없다고 슬퍼하거

나 노여워하지 마세요. 그것은 인생의 예외성이니까."

 그렇기 때문에 인생이 더욱 살 만한 것이 아닐까. 못 거둘 수도 있지만 자신의 열정을 바칠 그 무엇이 있다는 것만으로도 우리는 행복해질 수 있는 것이다.

(02)

탐구하는 사람이 발전한다
- 인생의 발전성

　이제 인생이 내게 가르쳐 준 두 번째 비밀을 그대에게도 알려 주려고 한다. 인생은 신비로운 비밀이 가득한 비밀의 정원이다. 그 비밀의 정원에는 가시나무도 있고 향긋한 꽃나무도 있다. 넝쿨도 우거져 있고 바위도 있다. 인생은 자신의 비밀을 함부로 발설하지 않는다. 다만 탐구하는 자에게 그 비밀을 알려 줄 뿐이다.
　인생이 알려 준 숱한 비밀 중에 두 번째 주제는 바로 탐구다. 그대는 얼마나 자주 탐구하는가. 내가 어린 시절에는 방학 때마다 선생님이 『탐구생활』이라는 책을 나눠 주었다. 여러 가지 과제를 해결하는 과정과 결과를 적는 노트였는데 방학이 되면 으레 받곤 했던 기억이 있다. 그래서 방학식 하면 『탐구생활』 책이 떠오를 정도였다. 여기에서 탐구란 무엇인가. 나는 한 주제에 대한 밀도 있는 사색과 관찰이 탐구라고 생각한다. 더 추가하자면 어떤 것에 대한 끝없는 생각의 도전이라고도 할 수 있다. 그런데 보통 탐구라 하면 사람들은 특별한 과학자나 사색가들의 몫이라고 여기곤 한다. 그만큼 생경한 낱말이기도 하다는 뜻이다. 들으면 아는 단어지만 막상 실생활에서는 그리 자주 사용하지 않는 말이기도 하다. 그러나 인생을 공부하는 인생 학교의 학생이라면 지금부터 탐구하는 생활을 해야 한다. 그럼 탐구에 대해 공부해 보자.

정도는 다르지만 인간은 탐구생활을 하고 있다. 다만 그 행동이 탐구인지 모르는 채 행해지고 있으므로 탐구의 실효성을 알지 못하는 사람이 많은 것이다. 탐구는 어떤 실효성을 가지고 있을까. 탐구의 영역에는 가릴 것이 없다. 역사, 문화, 개인, 단체, 관습, 성격, 행위, 실질적인 결과, 몽상, 감정, 이성적 판단에 이르기까지 모두 탐구의 영역에 속하기 때문이다. 일찍이 탐구를 생활에서 실천하는 인생 학교의 우등생들은 자신의 삶이 탐구에 의해서 비약적으로 발전하고 있다는 것을 알고 있었다. 탐구는 개인의 삶 전반을 한 단계 끌어올리는 받침대 같은 역할을 하는 행위다. 탐구의 실효성은 계측할 수 없을 정도로 어마어마하다.

과학실에서 실험에 열중하던 중에 폭발 사고가 일어나 학생들과 교수가 부상을 입었다는 소식이 종종 들린다. 그들은 사고 후에도 탐구를 지속해 나갔을까. 물론 사고가 난 후에도 학생들과 교수는 탐구를 멈추지 않았을 것이다. 그것은 자신의 신념이 걸린 일이니까. 그렇다면 일상에서 탐구자의 삶을 사는 우리는 어떠할까. 탐구 도중에 즉, 실험 도중에 폭발 사고가 일어나면 앗, 뜨거워! 하면서 도망치지는 않았는가. 탐구하다 보면 사고가 나는 것은 피할 수 없다.

 탐구란 위험을 무릅쓴 자발적 모험이다. 여행도 탐구고 독서도 탐구고, 나처럼 글을 쓰는 직업을 가진 작가들도 글을 씀으로써 자신의 지식과 영혼을 탐구한다. 책을 만드는 것도 탐구에 속한다. 정치가도 자신의 정치력을 탐구하는 중이고 가정주부는 밥을 짓거나 반찬을 만들면서 어떻게 하면 더 잘할까를 탐구한다. 탐구는 향상을 위한 지속적인 갈망이다.

 인생은 내게 자신이 지닌 두 번째 비밀을 말해 주었다.

 "인생은 탐구에 의해서 발전한답니다. 탐구란 모험이 포함된 도전이죠. 도전하세요. 실패를 감수한 도전만큼 아름다운 것도 없답니다. 그대는 도전하기 위해 태어난 존재니까요. 탐구하지 않으면 정체될 것이고 곧 도태될 것이라는 걸 기억하세요."

 이것이 인생의 발전성이며 인생이 내게 가르쳐 준 두 번째 비밀이다. 인생을 발전시키고 싶다면 탐구하라. 두 번째 비밀의 핵심은 이것이다.

03

남에게 슬픔을 안겨주면 내 자신도 아프다
- 인생의 동질성

인생이 가르쳐 준 세 번째 비밀은 인간관계의 핵심이라고도 할 수 있다. 범죄를 저지르는 사람들의 심리는 무엇일까. 폭행죄를 지은 사람에게 왜 그런 행동을 했느냐고 묻는다면 그는 어떤 대답을 할까. 사람을 때림으로써 얻을 수 있는 것이 때리지 않고 가만히 있는 것보다 더 많아서라고 대답할 수도 있을 것이지만 대부분의 경우 이렇게 대답한다.

"화가 치밀어서 참을 수가 없었습니다."

그렇다. 참을 수 없어서 벌어진 일들은 너무나 많다. 특히 사람과 사람의 관계에서는 그런 참을 수 없어서 벌인 일들이 적지 않다. 조금만 더 참았다면 그런 일이 벌어지지 않았을 텐데, 하고 후회한 일은 없는가. 인생의 비밀 세 번째 주제는 이런 경우에 도움이 될 조언이라고 할 수 있다. 이번 주제는 인생의 동질성이다.

인생의 동질성? 이 말이 무슨 말인지 생소하다면 쉽게 풀어보자. 남에게 슬픔을 안겨주면 자신도 아프다는 말이다. 인간은 같은 세계를 살아가는 같은 존재들이다. 이것이 인생의 동질성의 기본적 토대다. 각 개인의 세계는 다를 수밖에 없지만 우주라는 큰 틀에서 본다면 같은 세계를 살아가고 있는 것이 우리들이다. 그래서 동질감을 빼놓을 수가 없다. 우리는 수없이 많은 것들을 공유하고 있다. 같은 시간, 같은 공기, 같은 공간, 같은 문화, 같은 자연 등. 그 수많은 공통점으로 인해 인간은 하나인 존재들인 것이다. 그러므로 인생은 동질하다. 인생이 동질하다는 의미는 한 사람의 고통이 그 한 사람에게만 국한되지 않는다는 말에 도달한다.

개인의 슬픔은 사회 전체의 슬픔이 되기도 하다. 이러한 사례는 숱하게 많다. 전쟁도 그러하고 에이즈의 창궐이나 기아, 홍수 등의 자연재해도 그러하다. 전쟁을 들여다보자. 이것은 개인의 슬픔으로부터 시작된다. 전쟁을 제안한 자, 전쟁을 시작한 자, 전쟁에 참여한 자. 이러한 개인들의 비극이 국가 전체의 비극, 2차 세계대전처럼 세계인의 비극이 되는 것이다. 인생이 동질하지 않다면 인류는 지금까지 생존할 수 없었을 것이다. 우리는 서로의 공통점 덕분에 위안을 얻는다. 일례로 외국에 나가 있을 때 모국의 사람을 만나기만 해도 눈물겹게 반가운 것을 생각해 보라. 상대가 어떤 사람인지는 모르지만 단지 같은 나라 사람이라는 것만으로도 반갑고 기쁜 것이다. 이것이 인생의 동질성이다.

특히 인생의 동질성이 더 극명하게 드러나는 경우가 있다. 그것은 타인에게 해를 끼치면 자신도 그만큼 아픔을 느낀다는 것이다. 이 말에 사이코패스와 같은 경우는 어떻게 설명할 것이냐고 의문을 제기할 수 있다. 사이코패스는 다른 사람의 슬픔과 고통을 전혀 공감하지 못한다고 여길지 모르지만 그것은 내면을 보지 못한 생각이다. 사이코패스들도 내면적인 기저에는 인간으로서의 공통점이 있다. 다만 그들은 사회적, 가정적, 환경적, 정신적 문제로 인해 자신에게 내재된 인간으로서의 공통된 기질을 찾아내지 못하고 있는 것이다. 사이코패스가 될 사람도 유아기 시절과 청소년 시절을 행복하게 보낸다면 정상적인 삶을 살 수 있는 것이다.

인생은 동일한 선상에서 벌이는 인간들의 레이스다. 그 동일한 선상이라는 것은 바로 같은 시간, 같은 공간, 같은 세계, 같은 문화 등을 일컫는다. 그렇다면 같은 시간이라는 것이 모든 사람에게 통용되는가, 하고 질문할 수 있다. 같은 공간도 그렇다. 여기에서 같은 시간과 같은 공간 등의 개념은 보다 넓은 시공간을 의미한다. 시간과 공간은 편차가 있을 뿐 인간이 살아있을 때 같은 속도, 같은 폭으로 존재한다.

 타인에게 아픔을 주면 자기 자신도 아프다. 그것은 모든 인간의 속성이며 공통점이다. 이 점을 잊고서 다른 사람에게 고통을 주고서라도 무엇인가를 쟁취하려고 하는 사람은 결국 스스로를 아프게 하는 형국이 될 것이다. 우리는 같은 인간 존재로서 살아가고 있다. 다만 그 길이가 길고 짧거나 내용이 다를 뿐이지만 우주라는 커다란 원 안에서 바라본다면 결국 하나다. 인생의 동질성을 잊지 말고 기억하라.

 인생은 나에게 세 번째 비밀을 털어놓았다.

 "인간은 동일한 선상에서 존재하는 원대한 하나의 생명체입니다. 나 자신이 아프다면 다른 사람도 아플 것이고 다른 사람이 아프다면 나 자신도 아플 것입니다. 잊지 마세요. 내가 아프면 다른 존재도 아파요. 다른 존재가 아프면 나도 아프답니다. 여러분은 모두 같은 곳에서 파생된 존재니까요. 서로를 아프게 하지 마세요. 내가 아프지 않으려면 다른 사람이 아프지 않아야 하니까요."

 이것이 인생이 내게 가르쳐 준 비밀 중 세 번째인 인생의 동질성이다.

성공하려면 노력하라
- 인생의 보상 법칙

　인생이 내게 가르쳐 준 네 번째 비밀은 성공에 관한 것이다. 일반적으로 성공이란 의미를 되새겨 보자. 성공 하면 가장 먼저 떠오르는 것이 돈, 명예 등이다. 그러나 여기서 정의하는 성공은 이런 일반적인 성공의 정의와는 조금 다르다. 진짜 성공이라고 부를 수 있는 성공은 따로 있다. 정말로 한 사람이 성공했다고 말할 수 있는 것은 그가 가진 재능을 100퍼센트 인류의 공영을 위해 발휘했을 때이다. 이것이야말로 부와 명예가 따르는 그 어떤 성공보다 더 값진 진정한 성공이다.
　역사를 되짚어 보면 획기적인 무엇인가를 발견하거나 발명해서 돈을 엄청나게 벌거나 명성을 얻어 성공한 이들이 많다. 하지만 그 무엇인가가 수백 년 후에 인류와 환경에 해를 끼치는 것으로 판명되어 역사의 죄인이 되고 마는 경우도 있다. 알프레드 베르나드 노벨은 다이너마이트를 발명해 채굴과 건설 사업에 도움을 줬지만 한편으로는 다이너마이트가 인명 살상용도로 사용되면서 악명을 얻었다. 또한 유연휘발유와 프레온 가스를 발명해 살아생전에 발명왕으로 칭송받았던 토머스 미즐리는 유연휘발유와 프레온 가스가 인체와 환경에 치명적이라는 것이 밝혀져 최악의 발명가로 추락하고 말았다. 이는 성공이란 것이 인류의 공동 발전과 번영에 궁극적으로 이바지하지 않는다면 무익하다는 것을 보여주는 예이다.

그렇다면 진짜 성공에 이르려면 어떻게 해야 하는가. 진짜 성공을 하면 부수적으로 부와 명예가 따르기도 하지만 전부 그러하지는 않다. 성공한 사람들 중에서는 평생을 가난하게 살다 숙는 사람도 많다. 심지어 생전에는 가난의 굴레를 못 벗어나 허덕이며 비참한 삶을 살다가 죽고 나서야 빛을 본 사람들도 있다. 훌륭한 이들 중에 많은 이들이 너무나 가난했다. 하지만 그들의 사후에는 그들의 작품과 생애가 인류를 감동시켰다. 죄와 벌을 쓴 러시아 최고의 작가, 도스토예프스키는 평생을 가난하게 살았다. 그의 명작 죄와 벌이 빚을 갚기 위해 쓴 책이라는 사실을 아는 이는 드물 것이다. 진짜 성공에 이르려면 어떻게 해야 하는가는 이런 일련의 성공한 사람들로부터 힌트를 얻을 수 있다.

진짜 성공하고 싶다면 열매를 보지 말고 뿌리를 가꾸어야 한다. 즉, 어떤 결과만을 맹목적으로 좇을 것이 아니라 자신이 가진 재능의 전부를 걸고 열심히 노력해야 한다는 뜻이다.

인생에는 보상 법칙이 있다. 도대체 무슨 보상 법칙일까. 인생은 우리에게 가르쳐 준다. 무엇을 얻고 싶다면 죽도록 노력하라. 무엇이 되고 싶다면 죽도록 노력하라. 무엇을 만들고 싶다면 죽도록 노력하라. 무엇이든 갖고 싶다면 죽도록 노력하라. 이 노력 앞에서 불가능한 것은 없다고 인생이 우리에게 가르쳐 주고 있다. 그렇게 죽도록 노력한 자에게 인생은 보상을 해준다. 그렇지만 모두 보상받는 것 또한 아니다. 인생이 가르쳐 준 비밀 첫 번째에서 말한 것처럼 1퍼센트 정도는 보상을 받지 못할 수도 있다. 그러나 99퍼센트는 보상을 받는 것이 인생이다. 죽도록 노력하면 거의 모든 사람들이 그에 상응하는 결과를 얻는다. 그런데 사람들은 약간의 노력만 기울이고서 인생을 원망하곤 한다.

"내 나이 마흔, 지금까지 발바닥에 땀나도록 열심히 살아왔는데 아직도 이 모양 이 꼴로 살고 있어."

이런 원망은 해서 안 될 말이다. 백 세 시대에 마흔이라면 앞으로 육십 년은 더 살 수 있는 나이다. 육십 년을 더 노력하지 않고서 벌써 달콤한 열매를 원한다는 것은 인생의 보상 법칙에 어끗난다.

"결혼하고 나면 내 인생이 바뀔 줄 알았는데 더 엉망이야. 이젠 희망 같은 건 갖지 않을 거야."

이런 원망도 해서는 안 된다. 결혼한다고 해서 인생이 바뀌는 것이 아니라 자신이 변해야 인생이 바뀐다. 즉, 노력을 해야 한다는 말이다. 행복해지려는 노력을 하지 않고서 결혼 생활을 원망하지는 않았는지 자신을 반성해야 할 일이다.

인생은 내게 가만히 속삭이듯 말해 주었다.

"그대여, 무엇인가 이루기를 원하나요? 그렇다면 최선을 다해 노력하세요. 그대가 죽기 전까지 온몸과 온 영혼을 바쳐 노력하세요. 그리하면 신께서 그 노력의 99퍼센트는 응답해 주실 것입니다. 나머지 1퍼센트는 보상받지 못할지라도 자신이 그만큼 노력한 사실에 만족하세요."

이것이 인생이 내게 가르쳐 준 네 번째 비밀인 인생의 보상 법칙이다.

05

행복은 현재라는 순간에 있다
- 인생의 행복 법칙

　함박눈이라도 내릴 것처럼 흐린 겨울 날씨다. 겨울은 춥다. 몸이 추우면 마음까지도 꽁꽁 얼어붙는 것 같아서 겨울이 싫다는 사람도 있다. 그러나 어찌 되었든 현재는 겨울이고 이 겨울을 견뎌야 하는 건 우리 몫이 아니겠는가.

　그러나 겨울답지 않게 눈 대신 비가 오는 아침에 나는 인생이 선물해 준 다섯 번째 비밀을 받아든다. 인생이 내게 이야기해 준 이번 비밀은 많은 사람들이 동경하는 것, 바로 행복에 관한 것이다.

　인생은 내게 자신이 지닌 다섯 번째 비밀을 말해 주었다.

　"인생에는 행복 법칙이라는 것이 있답니다. 이 법칙은 언제 어디서나 변함이 없어요. 수억 년 전 인간이 탄생하기 전에도 그러했고 지구가 멸망한 후에도 변하지 않을 것입니다. 이 행복 법칙은 인간에게만 적용되는 것이 아니라 우주 만물에게 적용되는 원리인 거죠. 행복해지고 싶은가요? 그렇다면 현재에 전념하세요. 생각이 현재를 벗어나면 그대의 머릿속은 뒤엉키고 말 거예요. 왜냐하면 인간은 현재에 머물 때 가장 안전하거든요."

이것이 인생이 내게 가르쳐 준 행복에 관한 비밀이다.

현재에 전념한다는 것을 풀이해 보자. 우리는 생각의 자유를 가진 인간이다. 그러나 지나친 자유에의 탐닉은 때론 부작용을 초래한다. 그 부작용이 바로 생각이 현재를 벗어나서 과거나 미래로 달려가는 것이다. 부정적인 기억에 사로잡혀서 괴로워하는 사람들. 불안한 미래를 미리 앞질러 그려 보면서 두려워 떠는 사람들. 그들에게 필요한 것은 현재라는 보약이다. 그들의 생각이 현재를 벗어나 있기 때문에 괴롭고 불안한 것이다. 만일 그들이 현재에서 올곧게 산다면 그런 불안과 괴로움은 발붙일 틈이 없을 것이다.

현재를 벗어날 때 인간이 얼마나 불안정해지는지는 자신의 체험을 통해 잘 알 수 있다. 잠깐 과거를 기억해 보자. 불행했던 어린 시절, 우울했던 지난 달, 시험에 낙방했던 기억, 애인에게 버림받은 기억, 누군가에게 속았던 기억, 맞았던 기억, 어떤 일을 하다가 실패한 기억 등. 이런 좋지 않은 기억들을 접하게 되면 현재에 가지고 있던 긍정적인 기운을 모두 빼앗기고 만다. 미래는 또 어떤가. 돈이 떨어져서 빈털터리가 될 것 같은 두려움, 건강이 나빠질 것 같은 두려움, 인간관계가 악화될 것 같은 두려움 등으로 현재가 편할 수가 없다. 생각은 자유롭게 하되 자신을 지키려면 현재에 머물러야 한다.

행복은 현재라는 순간에 있음을 반드시 기억하자. 갑자기 기분이 나빠지거든 혹시라도 자신의 생각이 과거나 미래에 있는 건 아닌지 되돌아보라. 그럴 가능성이 100퍼센트다. 현재에 머물면 정신은 즉시 안정을 찾게 된다. 현재가 아무리 열악한 상황이더라도 현재에 온전하게 존재하는 사람은 불안하거나 괴롭지 않을 것이다. 왜냐하면 현재에 머무는 동안에는 근심과 걱정이 있을 수가 없기 때문이다. 오히려 현재는 그런 부정적인 것들을 치유하는 약을 선물해 줄 것이다. 어떻게 하면 현재를 더 발전시킬까, 어떻게 하면 이 상황을 지혜롭게 헤쳐 나갈까, 이런 화두를 주는 것이 현재의 특성이기 때문이다.

세상 모든 것은 변한다
- 인생의 가변성

사람들은 늙는 걸 두려워한다. 주름이 늘고 흰머리가 늘어나면 벌써 이렇게 늙었구나, 한숨을 쉬는 것이 사람의 심리다. 그래서 주름을 펴는 화장품을 바르거나 수술을 하고 염색을 한다. 조금이라도 어려 보이는 것이 사회의 추세가 되어 버렸다. 이렇듯 젊음을 유지하고 싶은 것은 인간의 욕망이다. 영원히 변하지 않고 살고 싶지만 그렇게 되지 않는다. 세월이 흐르면 외모도 변하고 주변의 모든 것들이 변해 간다.

이러한 변화에 대한 저항은 인간을 불행하게 만드는 원인 중의 하나이다. 변화를 받아들이지 못함으로써 비롯되는 갈등이 얼마나 많은가. 자식이 변한다는 것을 받아들이지 못하는 부모는 고통받는다. 그 고통은 부모의 잘못에서 기인한다. 변하는 자식 잘못이 아니다. 변화를 인정하는 공부를 하지 못한 부모의 잘못인 것이다. 친구가 변한다는 것을 받아들이지 못해도 고통받는다. 그것 또한 변한 친구 잘못이 아니라 자신 탓이다. 변화에 대한 공부를 하지 않은 자신을 탓해야 한다. 사람이 과거나 현재에도 똑같을 것이라고 기대하지 마라. 환경이 변하지 않고 그대로 있을 것이라고 바라지 마라. 모든 건 변한다.

사회가 변한다는 것을 받아들이지 못해도 또한 고통받는다. 변화에 대한 인식이 부족하기 때문에 인간은 수시로 고통받는다. 인생이 내게 가르쳐 준 여섯 번째 비밀은 바로 인생의 가변성이다.

인생은 내게 여섯 번째 비밀에 관해 이렇게 말해 주었다.

"인생의 가변성이란 우주의 모든 것들이 변한다는 사실입니다. 이 사실만큼 확실한 것도 없지 않을까요. 태양도 변하고 있고 지구도 변하고 있어요. 식물들도 변하고 있고 동물도 역시 변하고 있습니다. 시대의 흐름도 변하고 있고 유행도 변하고 있으며 계절도 변하고 있는 중입니다. 변한다는 사실을 받아들이는 것은 초등학생이 구구단을 외우는 것처럼 기본적인 일이에요. 변화는 살아가는 동안 멈추지 않을 겁니다. 그러니 변화를 받아들이세요."

이것은 아마도 변화를 수용하지 못한 상태에서는 인생 공부를 제대로 할 수 없다는 뜻일 것이다.

　나는 지금도 누군가가 갑자기 구구단을 물으면 즉시 다 맞힐 수 있다고 장담하지 못한다. 공부라는 것은 해도 해도 끝이 없다. 기초가 중요하다는 것은 누구나 다 아는 상식이다. 인생 공부의 기초는 변화한다는 사실을 깊이 인식하는 데서 출발한다. 변화에 대한 정확한 인식은 여러 가지 측면에서 유익하다. 어떤 사람이 어제와 다른 행동으로 자신을 경악하게 하여도 변화한다는 진리를 깨우친 상태라면 화가 나지 않을 것이다. 이 원리는 자기 자신에 대해서도 마찬가지로 적용된다. 인생의 가변성을 숙지한 사람은 자신이 어느 날 갑자기 파산자가 되어도 절망하지 않을 것이다. 또한 자신이 어떤 일을 하다가 모두를 실망시키는 일이 발생해도 깊은 좌절감에 빠지지 않을 수 있다. 자기 자신 또한 다른 모든 존재들처럼 변화한다는 것을 알기 때문이다.

　변화를 인정하고 받아들여라. 그래야 마음이 편해질 수 있다. 우리의 삶이 얼마나 변화무쌍한가는 여러분 자신이 더 잘 알 것이다. 이제 받아들이지 않았던 변화에 대해 마음을 열고 수용하길 바란다. 그 변화가 진정으로 인정하고 싶지 않은 일이어도 변한 것을 부정하지 말고 받아들여야 한다. 이 세상에서 변하지 않는 건 없기 때문이다. 그것을 부정하는 한 결코 행복할 수 없다.

07

정직해야만 성공한다
- 인생의 성공 법칙

어느 도시에 거짓말을 밥 먹듯이 하면서 사는 사람이 있었다. 그 사람은 거짓말을 해도 모두 진실처럼 여겨지는 특출한 재능(?)을 지니고 있었다. 그것도 재능이라면 말이다. 어찌 되었든 거짓말을 잘하는 사람은 온갖 거짓말로 세상에서 가장 부유한 사람이 되었다. 사람들은 겉모습을 보고 그를 부러워했다. 좋은 차, 좋은 집, 엄청난 돈. 그도 자신이 잘나서 성공했다고 거만해졌다. 그런데 어느 날, 거짓말이 들통나기 시작했다. 너무 많은 거짓말을 해서 자신이 한 거짓말을 기억하기도 힘들 지경에 이르러서야 그는 자신이 한 거짓말을 후회했다.

"거짓말하지 않고 살았어도 성공할 수 있었을 텐데."

그러나 후회로 돌이킬 수 있는 건 없었다. 정말 순식간에 그동안 거짓말로 모은 재산은 사라져 버렸다. 재산을 잃은 것도 괴로웠지만 무엇보다도 사람들에게 거짓말쟁이, 신용 없는 인간으로 낙인찍힌 게 힘들었으며 나머지 인생은 참으로 처참해졌다. 이게 거짓말쟁이의 말로다. 인생이 내게 가르쳐 준 일곱 번째 비밀은 정직과 성공의 관계다.

성공한 듯 보이는 사람과 성공한 사람의 차이를 아는가. 성공한 듯 보이는 거짓 성공자들은 진실되지 못하다. 그들은 성공한 듯 보이지만 실상은 성공한 자가 아니라 실패자들일 뿐이다. 거짓말, 사기, 기만 등으로 부를 쌓는 사람은 태양 아래서 얼음으로 집을 짓는 것과 같다. 분명히 녹아 사라져 버릴 허무한 짓을 하고 있다는 뜻이다. 정직하지 않으면서 성공하려고 하는 사람은 참으로 어리석다. 자신의 능력만 믿고서 거짓말을 아무렇지 않게 하는 사람들은 도처에 있다. 사소한 거짓말에서 중대한 거짓말에 이르기까지 무수한 거짓들로 자신을 포장하고 부풀려서 이득을 취하는 인간들은 헤아릴 수 없다.

그리고 사회적 지위가 높은 사람들 중에도 그런 이들이 많이 있다. 우리가 익히 알고 있는 언론인, 정치인, 연예인, 학자 등등. 소위 사회의 지도층이라고 하는 이들 중에는 일반인보다 더 거짓말을 잘하는 사람들이 많다. 정치인을 보자. 그들의 거짓말은 일

일이 열거하기도 힘들 정도다. 선거 때 국민과 약속한 공약을 실천하는 정치인을 찾기란 쉽지 않다. 증권방송에 출연한 증권 전문가가 특정 주식을 매입한 후에 그 주식을 방송에서 홍보해 수십억 원의 부당 이익을 챙겨 구속되기도 했다. 모든 직업군에서 정직하지 못한 사람을 발견할 수 있다. 거대한 부를 이룬 사람 중에는 정직하고는 담을 쌓고 사는 사람도 많다. 그들을 부자라고 부르는 경우도 있다. 그러나 정직하지 못한 부자를 존경하는 사람은 거의 없다.

자, 자기 자신에게 질문해 보자.

"사람을 속이고 엄청난 돈을 모은 사람을 존경할 수 있겠는가?"

사람을 속인다는 것은 정직하지 못하다는 말과 동의어다. 거짓된 말과 행동은 사람에게 가해지는 일종의 폭력 행위다. 물리적 힘을 가하지 않았어도 그건 분명히 한 사람을 죽일 수도 있는 폭력적인 행동인 것이다. 얼마 전에 모 연예인이 믿었던 지인에게 속았다는 배신감 때문에 자살을 시도한 적이 있었다. 그의 말이 모두 진실은 아닐지라도 배신감이 사람을 죽음으로 이끌 수도 있다는 것을 드러낸 사건이 아니겠는가. 그러므로 정직하지 못한 삶을 살면서 성공하겠다는 것은 자신과 세상을 해치는 범죄 행위를 저지르는 것과 같다.

정직해야만 성공한다. 인생이 가르쳐 준 이 비밀을 명심하라. 너무 흔해 빠진 말이라고 우습게 여겨서는 곤란하다. 진리는 때로 익숙한 것들 속에 보석처럼 존재하는 법이다. 정직한 삶 역시 마찬가지다. 고리타분한 도덕 선생님 말씀 같지만 인생은 우리에게 조언한다. 정직하게 말하고 정직하게 행동하라고. 왜 그런 조언을 해주는 걸까. 그것은 우리가 누군가에게 속았을 때의 감정을 되새겨보면 될 것이다. 사람에게 기만당했을 때 그 불편한 심정은 인간에 대한 불신을 넘어서서 삶에 대한 의욕까지도 잃게 만들 만큼 지독하기 때문이다.

인생은 내게 자신이 알고 있는 일곱 번째 비밀인 성공 법칙에 관해 말해 주었다. 그 어느 때보다 간곡한 부탁의 어조였다.

"그대여, 가슴속에 정직한 생각을 품고 사세요. 거짓으로 얻을 수 있는 것이 백 개라면 정직으로 얻을 수 있는 것은 백 개의 백만 배는 됩니다. 정직해야만 성공할 수 있을 거예요. 왜냐하면 정직하지 않으면 그 어떤 업적도 가치와 정당성을 인정받지 못할 것이기 때문입니다."

08

작은 것에도 감사하는 사람에게 복이 찾아온다
- 인생의 감사 법칙

새해가 되면 인사치레로 하는 말이 있다.
"새해 복 많이 받으세요!"
이 말을 듣는 사람치고 기분 나쁜 사람은 없을 것이다. 복이란 말이 사람을 행복하게 만든다. 복을 많이 받고 잘 산다는 것은 건강하고 행복하게 산다는 말일 것이다. 그래서 사람들은 복 받으라는 말을 새해 인사로 하는지도 모른다. 복조리를 걸고 복을 부른다는 여러 가지 행동을 하는 것도 모두 복에 대한 갈망의 표현이다. 인류의 소망이 복을 받는 것이라고 해도 납득이 될 정도로 복에 대한 갈망이 크다. 건강하게 오래오래 장수하면서 걱정 근심 없이 사는 것이 복 받은 인생이라면 어떻게 해야 그런 삶을 살 수 있을까 공부해 보자. 인생이 내게 가르쳐 준 여덟 번째 비밀은 바로 이 복을 받을 수 있는 가장 손쉬운 방법에 대한 것이다.

인생은 내게 가르쳐 주었다. 복을 받고 싶다면 무조건, 어떤 경우에도 감사하라고. 건강하게 장수하면서 행복한 삶을 살려면 우리는 감사해야 한다. 감사하면서 사는 사람에게는 모든 일들이 긍정의 요소들이다. 트집 잡으려고 마음먹으면 모든 것에서 트집 잡을 거리가 생긴다. 인생의 단점을 찾아 투덜거리려고 하는 사람에게는 그런 것들만 무궁무진하게 눈에 띄게 마련이다. 왜냐하면 그는 그런 것에 관심의 초점을 맞추고 있기 때문이다.

"난 가난한 집에서 태어나서 이 모양, 이 꼴로 살아."

"우리 부모는 내게 해준 게 없어."

"저 친구 정말 맘에 안 들어! 하는 짓마다 밉상이야."

"정치를 개판으로 해서 살기가 힘들다니까."

"날마다 출근하기가 지겹다, 지겨워."

등등 얼마나 많은 투덜거림이 인간을 피곤하게 만드는가.

인생은 우리에게 가르쳐 주고 있다. 투덜거림으로써 삶이 더 힘들어진다는 것을. 투덜거림과 불평불만을 멈춰라. 이젠 그 대신 감사하는 말을 하라. 감사하는 말이야말로 이 세상에서 가장 향기로운 언어다. 무엇에서든 감사할 것을 찾으려고 한다면 찾을 수 있는 것이 또한 인생이다. 세상은 바라보기 나름이다. 사람도 바라보기 나름이다. 미운 사람이라고 낙인찍고 못마땅한 점만 찾으려면 한없이 잘못된 점이 보이지만 괜찮은 사람이라고 생각하고 좋은 점을 찾아보면 찾을 수 있는 것이 사람이다. 관점의 차이가 인생을 천국과 지옥으로 가른다.

감사하는 것도 공부해야 한다. 그저 막연하게 감사하면서 살자고 다짐한다고 해서 감사하는 삶을 살 수 있는 건 아니다. 감사의 필요성과 정의, 감사의 법칙 등을 공부한 사람은 감사에 대한 새로운 관점을 가지게 된다. 그래서 어떤 경우에도 불평, 불만으로 삶을 개탄하지 않게 된다. 감사는 인간을 살리는 기적의 치료제다. 감사의 정의란 이러하다. 감사로 인해서 모든 것은 존재한다.

인생은 오늘 내게 감사에 관한 여덟 번째 비밀을 말해 주었다.

"그대여, 감사하세요. 작은 것에도 감사하는 사람에게 복이 찾아옵니다. 보잘것없는 환경도 감사할 줄 아는 사람에게 복이 깃들어요. 지금 있는 그대로의 자신에 대해서 가장 먼저 감사하세요. 그것이 감사의 출발입니다."

작은 것에도 감사할 줄 아는 마음 자세를 가져라. 이런 감사야말로 진정한 감사다. 아주 엄청난 그 무엇이 주어져야만 감사한다면 그건 감사하는 인간의 자세가 아니다. 그런 태도는 조건에 따른 감사일 뿐이다. 진정한 감사의 인생을 사는 사람은 별일 아닌 일에도 크게 감사할 줄 아는 사람이다. 밥상 앞에서 감사하는 것, 길을 걸으면서 살아서 걸을 수 있음을 감사하는 것, 작은 성의를 받았을 때 감사하는 것, 편리한 물질문명을 누리면서 사는 것을 감사하는 것, 자신의 재능을 펼칠 수 있는 기회가 주어진 것을 감사하는 것. 또한 자신의 불행에 대한 감사도 잊지 말아야 한다. 좋은 일이든 나쁜 일이든 일어날 가치가 있어서 일어난 것이다. 자신에게 벌어지는 모든 일들에 대해 감사하면서 살아라.

⑨

불행하지 않으려면 사유하라
- 인생의 위기 대처법

 인생이 내게 가르쳐 준 비밀 중 아홉 번째의 비밀은 인생의 위기 대처법에 관한 것이다. 인간은 살아가면서 적극적으로 추구해야 하는 것과 적극적으로 회피해야 하는 것을 잘 분간할 줄 알아야 한다. 이런 분간법이 서툴수록 삶이 고달프다. 그럼 적극적으로 추구해야 할 것은 무엇인가. 나는 여러분에게 이 한 가지를 적극적으로 추천한다. 바로 사유다. 그렇다면 적극적으로 회피해야 하는 것은 무엇인가. 그건 불행이라고 할 것이다. 불행을 피하고 사유를 추구하는 삶을 살아라. 사유란 어떤 것이기에 불행을 피할 수 있게 하는 것일까.
 사유, 어렵게 생각하지 않아도 된다. 사유는 생각의 끝에 있는 생각의 완성이라고 보면 된다. 생각은 온갖 것들에 대해 개방되어 있다. 옆집 개가 짖는 소리에도 생각의 날개를 펼 수가 있다. 우리 이웃의 개 두 마리는 하루에 대여섯 번씩 싸운다. 아니 거의 일방적으로 개 한 마리가 당하는 소리가 들린다. 개 소리를 들으면서 개가 어떤 모습일까를 생각하는 것도 생각이다. 십 년 전에 헤어진 연인을 생각하는 것도 생각이다. 수학 문제를 푸느라 생각하는 것도 생각이다. 이처럼 생각은 잡다한 것들의 집합이다. 사유란 이런 잡다한 생각들이 이성이란 필터를 거쳐서 완성되어 생각이 된 것을 말한다. 사유를 할 줄 아는 사람은 잡다한 생각, 쓸모없는 생각을 버리고 자신에게 유익한 생각을 할 줄 아는 기술을 지닌 사람이다.

왜, 사유하는 것이 불행을 예방할 수 있을까. 사유란 잡다한 생각, 즉 무익한 생각을 배제하고 자신을 지키는 생각이기 때문이다. 자신을 지키는 생각이 바로 사유다. 자신을 지키는 생각이란 인생의 위기에 대처할 수 있는 최고의 비법이 아니겠는가. 모든 것은 생각에서 비롯되므로 자신을 지킬 줄 아는 생각이 없이는 인생의 위기를 극복할 수 없는 것이다. 불행을 미연에 방지하는 것은 자신에게 침투한 부정적인 생각들로부터 자신을 지키는 것이다. 불행이란 불행한 생각이 만들어 낸 허상이기 때문에 원천적으로 불행한 생각을 잉태하는 생각의 씨앗을 차단하면 불행하지 않게 된다. 쉽게 말해서 불행하지 않으려면 인간은 자신을 지키는 생각을 해야 한다는 말이다.

여러분 자신을 지키는 생각은 여러분 자신이 가장 잘 알 것이다. 인간은 저마다 다른 환경 속에서 살아가고 있으며 자신의 역사를 가장 잘 아는 사람은 자기 자신이다. 그러므로 자기 자신을 지키는 생각은 자기 자신이 가장 잘 알 수밖에 없다. 사유하는 것은 자신에게 꼭 필요한 생각을 하는 것이다. 불행을 부르는 생각을 버려라. 그리고 보다 깊게 오래 생각하라. 자기 자신을 기쁘게 할 수 있는 생각을 하라. 떠올리기만 해도 우울해지는 생각으로 그동안 얼마나 자신을 고통스럽게 해왔는가.

그런 과거는 누구에게나 있다. 인간은 불행한 생각들을 습관처럼 하는 버릇이 있다. 그 버릇을 고치는 것이 바로 사유다. 사유는 내면의 지적 에너지가 응축되어서 하나의 해답을 구하는 작업이다. 어려움에 처하거든 사유로써 돌파하라. 위기는 사람을 벼랑 끝으로 내몰 수 있는 응급 상황이다. 하지만 사유의 힘은 그러한 위기 상황에서도 침착하고 유연하게 생각하는 것이다.

인생이 내게 가르쳐 준 아홉 번째 비밀은 이러한 위기 대처법에 관한 가장 명확한 조언이다. 인생은 우리에게 조언한다.

"그대여, 위기 앞에서도 의연하게 생각하세요. 위기 앞에서 더욱 사유하세요. 사유가 깃든 대처만이 불행을 물리칠 수 있으

며 사전에 예방할 수 있습니다."

   자신을 불행하게 만드는 생각을 붙들고 있지는 않은가. 생각의 분리수거가 절실하게 필요한 시기다. 자신을 힘들게 하는 것이 부질없는 갖가지 생각이라는 것을 일찍 깨닫는 것도 사유로써 가능하다.

⑩

흘러가는 대로 내버려 두어라
- 인생의 불가피성

몇 년 전, 치열했던 대선이 끝난 후, 한 후보는 과반을 넘었고 한 후보는 절반 가까운 표를 얻었다. 개표 후에 지지자들은 두 패로 갈렸다. 한 패는 승리의 기쁨에 도취되었고 한 패는 깊은 한숨 속에서 좌절감에 빠져 있었다. 나 역시도 한 후보에게 투표를 했다. 그렇지만 나는 격정에 휩싸이지 않는다. 승리했다고 해서 들뜨지 않고 패배했다고 해서 절망하지도 않는다. 왜냐하면 나는 인생의 불가피성을 알고 있기 때문이다. 인생이 내게 가르쳐 준 열 번째 비밀은 바로 인생의 불가피성이다.

우리 인생은 불가피한 일들의 집합소이다. 불가피하게 태어났고 불가피하게 살아가는 것이 사람살이다. 이런 불가피성을 거부하면 할수록 삶이 고단해지는 건 당연하다. 흘러가는 대로 내버려 둔다는 것은 불가피성에 대한 적절한 대응법이다. 대통령 선거든 뭐든 다 마찬가지다. 누구를 지지했건 흘러가는 대로 내버려 두어라. 자신이 지지했던 후보가 탈락했다고 해서 우울해하지 말기 바란다. 어쨌든 역사는 흐른다.

사랑하는 사람의 죽음도 마찬가지다. 인생은 불가피성의 연속이므로 이런 일들은 반드시 발생하게 된다. 우리 곁에서 영원히 함께할 것만 같은 사람들이 불가피하게 이 세상을 떠나는 일이 발생한다. 사랑하는 사람을 잃는 슬픔은 그 어떤 슬픔보다 크다. 마치 자신이 죽는 것처럼 힘겨운 시간들이 될 것이다. 그럴 때 생각하라. 죽음 역시도 불가피하다는 것을. 이별 역시도 불가피하다는 것을. 피할 수 없는 것들에 저항하지 말고 순응하는 것도 인생의 지혜다.

자기 자신이 병에 걸렸을 때도 정신적 충격을 받는 경우다. 드라마의 단골 소재는 주인공이 불치병에 걸린 채 그 사실을 숨기고 어딘가로 도망치거나 멀쩡한 척 연기하면서 사는 것이다. 자신이 중병에 걸린 사실을 알고서도 태연한 사람은 별로 없을 것이다. 하지만 병에 걸리는 것 역시 불가피한 일이라는 사실을 받아들인 사람이라면 그렇게 심하게 고통스러워하지 않을 것이다. 담담하게 현실을 받아들이는 사람이 인생의 현자다. 흘러가는 대로 내버려 둘 줄 아는 사람이 되라. 누구도 불가피한 일을 되돌릴 수는 없다.

　죽은 사람을 되살릴 수도 없고 이미 떠나 버린 연인의 마음을 되돌릴 수도 없다. 한 번 엎질러진 물을 주워 담을 수 없듯이 한 번 벌어진 일을 원상 복구할 수는 없다. 마음에 들지 않는 일들이 벌어진다고 해서 삶에 저주를 퍼붓는 사람을 본 적이 있다. 그건 잘못된 행동이다. 삶은 저주의 대상이 아니라 감사의 대상이다. 살아간다는 것만큼 축복 받은 일이 어디 있겠는가. 한 번 떠나면 다시는 되돌아올 수 없는 것이 이 삶이다. 자신의 삶을 사랑하는 방법은 불가피한 일들을 기꺼이 수용하는 자세다.

　인생은 신비로운 열 번째 비밀을 내게 가르쳐 주었다. 그것은 인생의 불가피성이다.

　"그대여, 사는 동안 불가피한 일들이 수도 없이 일어날 거에요. 그러니 놀라지 마세요. 그것은 예정된 일이니까요. 불가피한 일들을 거부하지 말고 받아들이면서 담담하게 살아가세요. 그것들을 잘 받아들일수록 인생이 순탄해질 거니까요."

　사랑하는 사람을 떠나보내는 일, 경제적 어려움에 봉착한다는 것, 인간으로서 도저히 받아들일 수 없는 고통을 감내해야 할 때. 이 모든 상황은 불가피한 일들이다. 인간으로서는 어쩔 수 없는 일도 있는 법이다. 어떤 일이 자신이 처리할 수 없다고 여겨질 때는 괴로워하지 말고 흘러가는 대로 내버려 두고 지켜보라. 그것이 불가피한 일들에 할 수 있는 최선이다.

⑪

다른 존재에게 보낸 것은 대부분 되돌아온다
- 인생의 부메랑 법칙

정이 많은 한국인의 정서 탓일까. 옆집에서 무엇인가를 가져다주면 빈 그릇으로 되돌려 주기가 미안한 게 한국 사람이다. 그래서 빈 접시 위에 조그만 물건이나 다른 음식이라도 담아서 되돌려 주는 것이 보통이다. 그래야 마음이 놓인다. 마땅히 줄 것이 없어서 빈 접시를 되돌려 줄 때면 뭔가 미진한 느낌이 든다. 한국인의 정서에는 이렇듯 정이 흐른다. 인생이 가르쳐 준 열한 번째 비밀은 우리의 정서와도 비슷하다. 다른 존재에게 보낸 것은 대부분 돌아온다. 인생은 우리에게 속삭인다.

"네가 다른 존재에게 해준 것이 무엇이든 대부분 너에게 돌아올 거야."

인생은 부메랑 법칙이 적용된다. 우리가 무심코 혹은 고의적으로 날린 말, 행동, 생각이라는 부메랑은 대부분 돌아오게 되어 있다. 모든 부메랑이 돌아오지는 않는다. 가끔은 예외성이 적용되는 것이 인생이기 때문이다. 그렇지만 거의 대부분은 잊지 않고 주인을 찾아오게 된다. 오늘 여러분은 어떤 말과 행동, 생각을 다른 존재들에게 보내고 있는가. 그들은 여러분이 보낸 부메랑에 상처를 입기도 치유를 받기도 별다른 영향을 안 받기도 하지만 자신이 받은 부메랑을 되돌려 주는 걸 잊지는 않는다.

사랑을 주었다면 사랑이 되돌아올 것이고 미움을 주었다면 미움이 되돌아올 것이다. 간절한 그리움을 전했다면 그리움이 되돌아올 것이고 화를 내었다면 화가 되돌아올 것이다. 분노를 주면 분노가, 무심함을 주면 무심함이, 멸시를 주면 멸시가 돌아올 것이다.

식물도 우리가 주는 것을 되돌려 준다. 얼마 전 지인에게 선물 받은 다육 식물을 물을 주지 않고 방치했더니 서서히 말라서 죽고 말았다. 식물은 내게서 받은 것이 없었으므로 나에게 아무것도 주지 않고 자신의 삶을 마무리한 것이다.

이십여 년 전 집에서 잠깐 키우던 강아지가 있었다. 노랑이라고 이름 지어진 그 강아지는 우리 집에서 두 달 정도 살았다. 두 달, 짧으면 짧고 길다고 하면 긴 시간이다. 하여튼 그 두 달 동안 나는 늘 이렇게 말하면서 밥을 주곤 했다.

"우리 노랑이 예쁘다. 어서 밥 먹어라."

그리고 볼 때마다 정답게 머리를 쓰다듬어 주었다. 그런 노랑이가 두 달 만에 다른 집으로 가게 되었다. 나는 그날로 노랑이와 인연이 끝난 줄 알았다. 그런데, 그게 아니었다. 노랑이는 다른 집에 가서 크면서도 내가 가면 늘 꼬리를 치곤 했다. 십오 년이 흐른 후에 보게 되었을 때도 노랑이는 나를 보고 반갑게 꼬리를 쳤다. 그렇게 긴 세월이 흘렀어도 날 기억하고 있었던 것이다. 아니, 강아지 적에 내가 준 사랑과 관심을 기억하고 있었던 것이다. 그래서 내게 그 사랑과 관심을 되돌려 주려고 늙어서 힘없어도 꼬리를 쳤던 것이다. 강아지도 인간이 준 부메랑을 되돌려 준다.

사람도 마찬가지로 반응한다. 사람은 더욱 명확하게 반응한다. 다른 사람에게 독기 가득한 말을 내뱉어 보라. 그는 더 독기 어린 말을 할 것이다. 다른 사람에게 따뜻한 표정을 지어 보라. 그 표정을 보면서 그가 저절로 미소를 지을 것이다.

인생의 열한 번째 비밀인 부메랑 법칙은 우리에게 이런 가르침을 준다.

"자신이 받고 싶은 것을 다른 존재에게 보내세요."

이 말을 기억하자. 또한 이 말도 더불어 기억하자.

"자신이 받고 싶지 않은 것은 절대로 다른 존재에게 보내지 마세요."

자신의 입술을 단속하라. 무슨 말을 할지 모르는 통제 불능의 입이 되지 않게 주의해야 한다. 자신이 한 말은 자신에게 되돌아온다는 인생의 부메랑 법칙을 기억하면서 말하라. 내가 사랑을 말하면 사랑이 오고 내가 증오를 말하면 증오가 온다. "너, 미워!" 하면 "너 미워!!"가 되돌아올 것이다. "너 좋아!" 하면 "너 좋아!!"가 다시 되돌아올 것이다.

여러분 자신이 듣고 싶은 말은 무엇인가. 그 말을 하기 바란다. 여러분 자신이 보고 싶은 다른 사람의 행동은 무엇인가. 그런 행동을 하는 사람이 되기 위해 노력하라. 인생 공부는 실천이 중요하다. 머리로만 아는 지식은 산지식이 아니다. 일상에서 실천하는 지식이 인간을 성장시키고 행복하게 만드는 참지식이다. 인생의 부메랑 법칙은 24시간 적용된다. 말 한마디, 행동 하나하나를 그래서 조심해야 하는 것이다.

⑫

불안해하면 염려하던 일이 일어날 가능성이 높아진다
- 인생의 불행 법칙

인생은 나에게 수많은 비밀들을 가르쳐 주었다. 지금도 인생은 내게 자신이 숨겨 온 비밀들을 가르쳐 주고 있는 중이다. 이제 그 열두 번째를 공부해 볼 차례다. 인생은 가르쳐 주었다. 여러분이 불안해하고 있는 것이 무엇이든 지금 즉시 멈춰라, 그렇게 하지 않는다면 그 일이 일어날 것이다. 이 말을 줄여서 인생의 불행 법칙이라고 한다.

인생에는 불행 법칙이 있다. 불행에도 법칙이 있다니 믿어지지 않지만 불행 또한 모든 현상과 마찬가지로 법칙에 따라 일어나는 현상에 불과하다. 어떤 법칙인가. 바로 불행을 부르는 습관이다. 즉, 불행을 연습하면 불행을 겪을 수밖에 없다는 뜻이다.

불행을 부르는 습관이야말로 한 사람을 파국으로 이끄는 주범이다. 그렇다면 불행을 부르는 습관이란 무엇인가 알아보자. 위에서 이미 언급했듯이 불행을 불러들이는 행동은 바로 불행을 예상하는 것이다. 즉, 미래에 일어날지도 모르는, 아니 어쩌면 일어나지도 않을 일을 자기 맘대로 상상해서 걱정하는 것이다. 이런 태도는 사람의 감정을 극도로 예민하게 만든다. 또한 현재에 집중할 수 있는 에너지를 소진시킨다.

　어떤 일을 상상하면서 불안해 본 적이 있는가. 예를 들어, 갑이라는 사람이 자신이 내일 교통사고를 당할지 모른다고 불안해한다고 가정해 보자. 갑은 그 생각 때문에 밥을 먹어도 밥맛을 제대로 모르겠고 재밌는 드라마를 봐도 도통 재미를 느낄 수가 없다. 갑에게는 온통 내일 당할 교통사고만 있을 뿐이다. 지극히 안전한 그의 현재는 내일 벌어질 것만 같은 교통사고 때문에 완벽하게 지워진다. 대신 불행한 느낌만 가득하다. 그래서 현재에만 누릴 수 있는 행복을 그는 결코 누릴 수가 없다. 그는 지금 자신의 불안에 점령당해서 불행한 것이다.

　많은 이들이 지금도 갑과 같은 행동을 한다. 불안에 의해 현재를 잠식당하면서도 왜 자신이 불행해지는지 모른다. 미래를 염려하는 것과 불안에 떠는 것은 다르다. 미래에 대한 건전한 염려는 미래에 대한 대비로 이어지지만 미래에 대한 무지한 불안은 불행으로 이어진다. 나 역시 과거에는 불안으로 밤을 지새우기도 한 사람이었다. 불안에 떨던 과거의 시간들은 도무지 생산적인 면이 없는 죽은 시간이었다. 나는 인생을 공부하면서 불안이 얼마나 삶을 피폐하게 만드는지 알게 되었다. 불안해한다고 해서 불안의 요소가 사라지는 것이 아니라는 것 또한 공부하게 되었다. 이제 는 불안에 떠는 대신에 미래에 대한 생산적이고 긍정적인 생각을 한다. 어떻게 하면 더 나은 나로 거듭날 것인가. 어떻게 하면 더 좋은 글을 쓸 것인가. 생산적이고 밝은 생각이 불안에 떨던 나를 주체성을 지니고 꿈을 이루어 가는 사람으로 변화시켰다.

　불행해지고 싶지 않다면 다음 사항을 명심하라. 불안해하는 것은 불행을 부르는 즉각적이고도 확실한 행위다. 갑이 교통사고가 일어날지도 모른다는 불안에 떨면 사고가 경직된다. 사고의 경직은 육체의 경직으로 이어져 일어나지 않을 교통사고마저 일어나게 하는 것이다. 즉, 불안으로 경직된 정신과 육체가 정상 범주를 벗어나 불행을 불러들이는 것이다. 불안은 사람을 경직되게 한다. 그렇다면 사람의 심신을 부드럽게 풀어주는 것에 몰두해야 할 것이다. 그것은 유쾌하고 행복한 생각이다. 기분 좋은 생각들이야말로 사람의 심신을 부드럽게 풀어주는 최고의 보약이다. 행복해지고 싶다면 불안을 멀리하고 자신감 있고 행복한 생각을 많이 하길 바란다. 바로 다음과 같은 생각들이다.

"정말 좋은 하루구나, 오늘은 어떤 좋은 일들이 일어날까. 무척 기대된다!"

"오늘 만날 사람들에게 긍정적인 말과 행동을 해서 서로가 웃을 수 있는 관계를 만들어야겠다. 난 사람들이 좋아. 그들과 어울리는 것도 좋고 그들의 모습을 보는 것도 즐거워!"

"요즘 부쩍 이런저런 사고가 많이 일어나는구나. 조금 더 안전에 유의해야겠다. 조금씩 양보하고 조심하면 사고 같은 건 일어나지 않을 거야. 난 걱정 없어!"

13

친구가 되려면 우선 들어라
- 인생의 대화 법칙

잠시 숨 가쁘게 달려오던 발걸음을 멈추고 자신의 삶을 반추해 보자. 살아오면서 만난 수많은 사람들 중에 자신의 마음을 편하게 해준 사람은 누구였는가. 많은 이들이 이런 사람을 꼽는다. 내 말을 잘 들어준 사람. 이 말이 의미하는 바는 무엇일까. 내 말을 잘 들어준 사람이란 내 마음을 잘 이해해 준 사람, 혹은 내 생각을 공감해 준 사람 등으로 해석할 수 있다. 우리는 이런 사람에게서 위안을 얻는다. 즉, 내 말을 잘 들어준 사람을 좋아한다는 말이다.

인생이 내게 가르쳐 준 열세 번째 비밀은 바로 인생의 대화 법칙에 관한 것이다. 우리 인생은 사람과의 관계로 이루어진다. 그리고 대화는 관계의 핵심이다. 그렇다면 어떤 대화를 해야 좋은 친구를 얻을 수 있을까.

인생은 내게 열세 번째 비밀을 가르쳐 주었다.

"그대여, 누군가의 친구가 되려면 먼저 들어주세요. 그대에 관해 말하지 말고 친구가 하는 말에 귀 기울여 주세요. 그가 무슨 말을 하는지 호기심을 가지고 들어주세요. 사람은 자신의 말을 누군가가 진지하게 경청해 줄 때 가장 안도한답니다. 친구를 얻으려면 먼저 말하지 말고 우선 상대방의 말을 들어보세요."

친구는 학창 시절의 친구에만 국한된 것이 아니다. 인생의 친구는 나이와 성별에 관계없이 폭넓게 형성된다. 이런 친구의 확장은 필요에 의해서라고 볼 수 있다. 험난한 인생살이에서 친구만큼 자신의 속마음을 허심탄회하게 털어놓을 사람은 없기 때문이다. 가족보다도 때로는 더 가까운 것이 친구다. 하지만 그런 밀접한 친구, 진실한 친구를 사귀는 건 쉽지 않은 일이다. 우리는 여기에서 인생의 제1법칙을 적용해야 한다. 인생의 제1법칙은 내가 받고 싶은 것을 내가 먼저 주는 것이다. 그러면 내가 받고 싶은 대화법은 무엇인가. 그렇다. 많은 이들이 소망하듯이 타인의 말에 귀 기울여 주는 사람이 되는 것이다.

먼저 귀를 기울여라. 말을 많이 하는 사람은 실수를 하기가 쉽지만 잘 들어주는 사람은 실수를 할 일이 거의 없다. 입보다는 귀를 잘 여는 사람이 사랑받고 존경받는다. 왜냐하면 인간은 자신의 말을 들어주는 사람에게서 편안한 감정을 느끼기 때문이다. 내 말을 경청해 주는 사람만큼 고맙고 사랑스러운 사람이 또 어디 있겠는가. 내가 말을 하고 있는데 딴 곳을 바라보는 사람만큼 기분 나쁜 상대방도 없다. 반대로 내가 하는 말을 집중해서 주의 깊게 들어주는 상대방은 왠지 신뢰가 가고 사랑스럽게 여겨진다. 그러므로 친구나 가족 모든 관계에서 최우선적으로 해야 할 대화법은 듣는 것이다. 친구가 되려면 우선 들어라. 무조건 들어라. 내 자신에 대해 말하고 싶은 충동을 억누르는 자제력을 발휘하라.

나는 대화를 할 때 먼저 듣는 것으로 시작한다. 특히 처음 만난 사람과는 나에 대해 떠벌리기보다 상대방 얘기를 듣는 걸 좋아한다. 그러면 상대방은 유쾌하게 자신에 대해 자랑한다. 들어주는 것은 그 행위 자체만으로도 상대방에게 용기를 줄 수도 있고 자존감을 높여줄 수도 있는 고결한 일이다. 잘 들어주는 사람이 되는 것은 그만큼 인간 세상에서 가치 있는 사람이 된다는 뜻이다.

나에 대해 백 마디 말하는 것보다 상대방의 말 열 마디를 들어주는 것이 자신을 더 어필할 수 있다. 한마디로 말해서 말 잘하는 수다쟁이보다 말 못하는 진중한 경청자가 사람들의 뇌리에 더 깊이 각인된다는 말이다. 사람을 만나거든 그에게 궁금증을 가져

라. 어떤 사람일까, 어떤 삶을 살아왔을까, 무엇을 좋아할까, 이런 궁금증을 지녀라. 그러면 그의 말이 진심으로 듣고 싶어질 것이다. 나 자신에 대해 자랑하려 하지 말고 상대방의 역사와 삶, 생각 등을 궁금해하는 사람이 되면 친구는 저절로 생길 것이다.

⑭

삶의 최저점에 다다르면 반드시 회복된다
- 인생의 회복 법칙

　재수가 없는지 하는 일마다 실패할 때가 있다. 손대는 일마다 망하고 꿈꾸는 것도 허락되지 않을 때가 있다. 그 시기에 어떻게 사느냐가 긴 인생의 향방을 좌우한다는 사실을 아는가. 시도하는 일마다 실패를 겪게 되는 것은 기존의 부정적 생활 태도와 해묵은 습관이 대부분 원인을 제공한다. 잘못된 생활 태도와 습관을 바로잡았음에도 불구하고 실패하는 경우도 있는데 사람들은 이걸 이렇게 말하곤 한다.
　"정말 억세게 운이 없군!"
　"미치겠어, 도대체 뭘 어떻게 해야 한단 말이야?"
　그렇게 자신의 의지와 노력에도 상관없이 벌어지는 불행은 결국 나락으로 이끈다. 아무리 노력해도 장사가 망하더라는 자영업자의 하소연이 우연은 아니다. 삶은 인간의 의지와 노력을 물거품으로 만들며 시련을 종종 주곤 한다. 그렇게 추락을 거듭하게 되면 더 이상 떨어질 수도 없는 가장 밑바닥까지 떨어지게 된다. 예컨대 방 한 칸 없이 길거리에 나앉게 되었다는 말이다. 여관방을 전전하면서 아이들을 키우는 이야기는 더 이상 남의 이야기가 아니다. 그들도 처음부터 그런 처지는 아니었다는 것을 알아야 한다. 인생 최악의 시기, 그런 시점에 다다르면 사람들은 절망과 타협하기 쉬워진다. 만일 그런 일이 생기거든 이렇게 대비하라고 인생은 내게 조언해 주었다. 자, 함께 주목해 보자.

 인생은 내게 자신이 지닌 귀중한 열네 번째 비밀을 가르쳐 주었다. 그것은 인생의 회복 법칙에 관한 것이다.

 "그대여, 사는 게 힘드시죠? 알아요. 그대가 지금 얼마나 힘든지 다 알아요. 힘든 일이 거듭되다 보면 언젠가는 이런 시기와 부닥칠 것입니다. 바로 가장 낮은 곳으로 추락하는 거죠. 그곳은 암흑천지에 마실 물도 없고 숨 쉴 공기도 없는 것처럼 답답할 거예요. 눈물겹고 서러운 인생 최악의 시기가 반드시 올 거예요. 그럴 때는 이 말을 꼭 기억하세요. 삶의 최저점에 다다르면 반드시 회복된다. 그대가 가장 불행하다고 여길 때조차 포기해서는 안 되는 이유가 되는 말입니다. 절대로 울지 마세요. 희망을 가

지고 어둠을 헤쳐 나가세요. 가장 불행할 때가 가장 높이 비상할 수 있는 기회라는 것 잊지 마세요."

그렇다. 나는 인생의 이 조언에 공감한다. 가장 불행할 때야말로 우리가 가장 높이 날아오를 수 있는 조건을 갖춘 때이다. 깊은 슬픔을 음미해 본 사람만이 인생의 참맛을 안다. 가장 확실한 지혜는 자신이 직접 경험해서 얻은 지혜라는 것을 우리는 알고 있지 않은가. 삶의 최저점이란 어쩌면 삶이 우리에게 주는 연습 문제 같은 것 아니겠는가. 이 문제만 잘 풀면 다음 문제는 무조건 백점을 맞을 것이다. 사람은 삶의 최저점에 다다랐을 때 더욱 겸손하게 자신을 응시해야 한다. 무엇이 이곳에 다다르게 했는지 심사숙고해야만 한다. 그것이 부주의나 지나친 탐욕, 이기심, 공정하지 못한 가치관, 이성적 혼란 등이라면 마땅히 수정해야 한다.

또한 지금 있는 곳이 밑바닥이라고 생각한다면 감사해야 한다. 그런 시기는 일생에 단 한 번 올 것이기 때문이다. 삶에서 단 한 번 찾아오는 보물 같은 시간이다. 이 시기에 자신을 단련시킬 수도 있고 보다 나은 삶의 방향을 찾을 수도 있다. 그리고 인생의 주도권을 확실하게 쥘 수 있는 시기다. 그러므로 삶의 최저점에 다다랐을 때 더욱 진지한 자세로 살아야 한다. 명철한 지성으로 위기를 극복할 지혜를 찾는다면 밑바닥이던 시절을 추억하면서 웃을 수 있을 것이다. 최저점이라고 생각되거든 다시 회복할 수 있음을 믿고 추진력 있게 밀고 나가길 바란다. 무엇보다 자신에 대한 변치 않는 믿음이 회복력의 최대 관건이다.

⑮

부지런하고 성실한 태도가 호감을 갖게 한다
- 인생의 호감 법칙

시내의 편의점에 근무하는 김 양은 보기 드문 추녀. 그녀의 얼굴은 곰보 자국이 가득했고 이목구비도 엉망이었다. 몸매도 뚱뚱했고 볼품없었다. 처음 그녀를 본 사람들은 그녀의 못생긴 얼굴과 뚱뚱한 몸을 보고 거리를 두었지만 채 1분도 되지 않아서 호감을 가지게 되었다. 그 비결은 무엇일까. 그 비결은 그녀의 남다른 태도다. 김 양은 외모는 최하로 보였지만 일할 때의 태도는 최고였던 것이다. 그 최고의 태도란 것이 바로 지금부터 공부할 호감 법칙을 실천하는 사람의 태도이다.

인생이 내게 가르쳐 준 열다섯 번째 비밀을 이제 이야기하려고 한다. 인생은 내게 이렇게 말해 주었다.

"부지런하고 성실한 자세를 지니세요. 자가용, 자신의 소유로 된 집, 어마어마한 통장 잔고, 그런 것보다 더 먼저 지녀야 하는 것은 바로 성실한 자세랍니다. 그대가 그런 자세를 유지한다면 사람들이 그대에게 호감을 가지게 될 거예요. 그리고 그로 인해 그대가 얻을 수 있는 건 무궁무진하답니다."

이것이 인생 불변의 법칙 중 하나인 호감 법칙이다.

일터는 제2의 인생이 펼쳐지는 곳이다. 가정이 휴식과 치유의 장소라면 일터는 꿈을 이루기 위한 장소라고 할 수 있다. 또한 일터는 자신이 가진 재능을 발휘하는 장소다. 그런 일터에서 불성실하고 태만한 태도로 일관하는 사람들을 볼 수 있다. 그들의 태도는 자기 자신에게도 해가 되지만 그를 고용한 사람과 그와 함께 일하는 동료들에게 좋지 않은 영향을 미친다. 한 사람의 좋지 않은 태도가 온 일터에 부정적인 기운을 퍼뜨리는 것이다. 게으르고 나태한 태도로는 행복한 인생을 살 수가 없다. 이것은 부정할 수 없는 사실이다.

일터뿐만 아니라 우리가 머무는 모든 곳에서 일관성 있게 성실한 태도를 가져야 한다. 부지런하고 성실한 태도로 하루를 사는 사람에게는 우울, 삶에 대한 회의, 부정적인 관점 등이 찾아올 겨를이 없을 것이다. 왜냐하면 몸과 정신을 부지런히 움직이는 사람은 비관적인 기운에 빠질 시간조차도 없기 때문이다. 부지런하고 성실한 사람에게는 능동적인 에너지가 넘친다. 활기차고 긍정적인 에너지가 충만하고 삶에 대한 자신감이 넘치게 된다. 이로써 모든 부문에서 좋은 면이 부각되기 마련이다.

인생의 호감 법칙은 부지런하고 성실한 사람에게 주어지는 사람들의 좋은 평가라고 할 수 있다. 일종의 신의 선물이다. 사람들은 게으르고 나태하며 불성실한 인간을 경멸한다. 아무것도 하지 않고 다른 사람에게 기대어 사는 사람을 싫어한다. 충분히 돈을 벌 능력이 있는 사람이 아무런 노력도 하지 않고 가족에게 얹혀사는 모습만큼 눈살을 찌푸리게 하는 일도 드물 것이다. 반면 자신이 맡은 임무를 성실하게 해내는 사람에게는 어떤 공통의 울림 같은 것을 느낄 수 있다. 우리는 이런 영화를 보면서 눈시울을 적시곤 한다. 활활 불타오르는 화재 현장에서 몸을 사리지 않고 인명을 구조하는 119 소방대원을 보거나 위험한 상황에서도 자기의 본분을 잊지 않고 범인과 대결하는 경찰관을 볼 때, 바로 한 인간이 자신의 사명을 성실하게 해낼 때 다른 존재에게 주는 감동이다. 이런 감동이 바로 호감의 원천이다.

이왕 한 번 사는 인생, 부지런하고 성실하게 살아라. 무엇을 하든 자신이 할 수 있는 최선의 것을 해내겠다는 당찬 포부와 의지를 가지고 살아라. 그리고 누가 보든 안 보든 자신이 할 일에 진지하게 임하라. 그것이 성실한 사람의 태도다. 그런 태도가 바람직한 삶의 자세다. 누구에게 보여주고자 하는 삶이 아닌 자신에게 자랑스러운 삶을 살려면 부지런하고 성실해야 한다. 그것만큼 자신에게 떳떳하기도 드물다. 내 손으로 번 돈으로 밥을 먹어라. 내 손으로 일해서 먹고 살아라. 자신이 지닌 능력을 무덤까지 가지고 가지 말고 살아생전에 이 세상에 모두 풀어놓고 가는 것이 부지런하고 성실한 사람이 지닌 마인드다.

⑯

생각하지 않고 사는 것은 스스로를 죽이는 행위다
- 인생의 생각 법칙

 요즘 사람들은 책을 잘 읽지 않는다고 한다. 왜 그럴까 생각해 보니 책보다 더 자극적이고 흥미로운 것들이 많이 있어서다. 휴대폰이나 컴퓨터 등에 빠지게 되면 책을 읽기는 더 어려워진다. 지하철을 타면 책 대신 모두들 집단 최면에 걸린 것처럼 휴대폰을 들여다보고 있다. 어떤 신성한 집단의식 같은 그 모습은 몇 년 전만 해도 책을 읽던 이들이 바로 그들이었다는 사실이 믿기지 않을 지경이다.

 책보다 즉각적이고 단순한 재미가 가득한 스마트폰 등에 빠진다는 것은 무엇을 의미하는가. 그것은 생각하기 싫다는 항변이나 마찬가지다. 현대인들은 너무나 고달픈 나머지 생각하는 것을 회피하고 있다. 사는 것이 힘들어서 생각하는 것조차 잊어버리고 있는 것이다. 그렇지만 생각하지 않으면 삶이 더 암울해진다는 것을 알아야 한다.

인생은 어젯밤에 내게 열여섯 번째 비밀에 관해 말해 주었다. 인생은 이 비밀을 말하기 전에 골똘히 생각하는 것 같았다. 그가 말한 열여섯 번째 비밀은 생각에 관한 것이다. 인생은 우리에게 염려스러운 목소리로 말한다.

"그대여, 생각하세요. 어떤 경우에라도 생각하는 것을 멈추지 마세요. 생각하지 않고 사는 것은 스스로를 죽이는 행위라는 것을 꼭 기억하세요."

생각하지 않으면 스스로 죽는 것이라는 인생의 조언을 어떻게 생각하는가. 생각이 그만큼 삶에 미치는 영향력과 파급 효과가 크다는 의미일 것이다. 왜 생각하지 않고 사는 사람에게 인생은 스스로 죽이는 가학적인 행위를 한다고 극단적인 말을 하는 걸까. 생각한다는 것이 무엇인지 제대로 이해한다면 인생의 열여섯 번째 비밀을 이해할 수 있을 것이다. 그럼 지금부터 생각에 대해 제대로 공부해 보자.

생각은 인간의 모든 것을 포함한다. 생각은 인간 그 자체다. 생각은 삶을 유지시킬 수 있는 필수적인 요소다. 생각은 인간관계 형성에 지대한 영향을 미친다. 생각은 꿈에 기여한다. 생각은 기본적인 생활 유지에도 반드시 필요하다. 생각은 고차원적 인간으로서의 품위를 유지하는 데 필요하다. 생각은 행동을 지배하므로 생각하지 않는다는 것은 행동을 제멋대로 하게 방치하는 것과 같다. 생각에 대해 다양하게 정의를 먼저 내려 보았다. 여러분이 생각하는 생각이란 것은 무엇인가.

수많이 정의를 내릴 수 있겠지만 생각을 대표할 만한 정의는 이것이 아닐까 싶다. 생각은 인간을 지배하는 가장 기본적인 틀이다. 한 인간을 지배하는 기본적인 틀이 형성되지 않았다면 그는 인간으로서 구실을 할 수가 없다. 이 말은 즉, 생각하지 않는 것은 보통의 인간으로서 살아가기가 어렵다는 말이다.

두부를 직접 만든 경우는 드물지만 두부를 만드는 영상을 본 사람은 많을 것이다. 두부는 네모난 틀에 콩 국물을 부어서 응고시킨 것이다. 그런데 네모난 틀이 없다면 도대체 두부는 어떻게 만들어야 하는 걸까. 틀 자체가 없다고 한다면 두부는 만들 수조차 없다. 아무리 콩 국물이 고소하고 맛있어도 두부라는 것은 틀이 있어야 제 모습을 갖추게 된다. 인간도 그러한 맥락에서 이해해 보자. 인간이라는 형체가 세상에 태어나서 살아가기 위해서는 생각이라는 틀이 있어야 한다. 그러므로 생각을 하지 않는 사람은 그런 틀이 없는 것과 마찬가지다. 생각을 거치지 않는 말과 행동은 마치 틀에 붓지 않고 쏟아져 내리는 콩 국물 같아서 질펀하고 무질서하게 삶을 망치게 된다.

　생각하라. 언제 어디서나 생각하라. 생각하는 것은 한 인간을 고결한 인격체로 만드는 가장 적절한 방법이다. 자신이 원하는 삶을 살고자 한다면 더욱 생각해야 한다. 행복하게 살고 싶다면 더욱 간절히 생각해야 한다. 성공하고 싶다면 살아 숨 쉬는 순간마다 생각해야 한다. 생각하는 인간은 이미 그 자체로서도 성공한 인간에 속한다. 생각하지 않는 인간이 된다는 것은 스스로 죽음을 자초하는 어리석은 인간이 된다는 말과 같다. 생각하지 않고 살아갈 때 인간은 그만큼 추하고 어리석기 때문이다.

⑰

사색함으로써 생각은 완성된다
- 인생의 사색 법칙

생각이 얼마나 중요한지 인생은 내게 생각에 관한 비밀을 두 가지 가르쳐 주었다. 그 하나는 열여섯 번째 비밀로 이미 말했고 나머지 하나는 사색에 관한 것이다. 인생은 열여섯 번째 비밀을 말해 주면서 생각을 멈추지 말라고 충고했다. 그런데 무작정 생각해서는 곤란하다. 생각도 생각 나름이지 않은가. 물론 인생이 말한 열여섯 번째 비밀의 생각이란 긍정적인 생각을 말하는 것이다. 이걸 눈치채지 못한 사람은 없을 것이다. 하지만 막연히 긍정적인 생각, 좋은 생각을 하면서 살라는 것이 아니었다.

인생은 열일곱 번째 비밀을 내게 말해 주었다. 그 비밀은 바로 생각이 사색으로 바뀌어야만 하나의 온전한 인생을 살 수 있다는 것이었다. 사색함으로써 생각은 완성된다. 즉, 사색을 해야만 생각이 비로소 인간과 유기적인 관계를 이룰 수 있다는 말이다. 인간과 생각이 유기적인 관계를 이룬다는 말은 생각하는 대로 삶을 이끌어 갈 수 있다는 말이다. 자신의 생각대로 사는 인생, 참으로 멋진 인생 아니겠는가.

사색과 생각이 무엇이 다르단 말인가, 그 궁금증을 풀어보자. 생각과 사색은 다르다. 분명히 다르다. 생각이 긍정적, 부정적, 객관적, 주관적, 이성적, 감성적, 감각적, 물리적, 내향적, 외향적, 감정적 들로 분류된다면 사색은 한마디로 귀결된다. 사색은 생각의 완성이다. 사색은 인간이 바라는 것이다. 구체적으로 말하면 사색은 생각이 맺은 소중한 결실이라고 할 수 있다. 사색 역시 생각이지만 생각 그 자체가 아니라 생각이 하나의 완전체로서 완성된 것을 의미한다.

그렇게 중요한 것이 사색이라면 어떻게 해야 하는지 궁금하지 않을 수 없다. 인생은 친절하게도 내게 사색하는 방법을 가르쳐 주었다. 사색은 생각이 자유롭게 비상한 결과물이다. 생각하다가 이런 두려움이 든 적은 없었는가.

'내가 이런 생각을 하다니 너무 지나친 바람이 아닐까.'

이런 생각이 들었다면 사색의 초입에서 발길을 되돌린 경우다. 사색은 두려움을 거부한다. 생각이 두려움 없이 가지를 뻗

어 하늘을 지향해 자랄 때 사색은 탄생하는 것이다. 자신의 생각에 제동을 걸지 말라. 단, 부정적이고 파괴적인 생각은 애초에 하지 않아야 할 것이다. 대신 부정적이지 않고 파괴적이지 않은 생각은 마음껏 해도 괜찮다. 생각이 사색이 되는 시간은 1초도 되지 않을 수도 있고 수십 년이 걸릴 수도 있다. 어떤 생각은 죽음에 이르러서야 사색이 되기도 한다. 그만큼 방대한 생각의 양이 인간의 생애 전반에 걸쳐 존재한다. 생각은 자유롭게 하라. 내가 그렇게 생각해도 괜찮은가, 의문한다면 자신을 믿지 못하는 사람이다. 자신을 믿고 생각에 무한한 자유를 부여하면 사색의 길이 열릴 것이다.

또한 사색에 있어서 중요한 것은 진지한 접근이다. 사색은 생각보다 더 깊이 있게 다가가야 한다. 생각이 온갖 것을 겉에서 맛보는 것이라면 사색은 모든 걸 속 깊은 곳까지 들여다보는 작업이다. 사색은 겉보기로 알 수 없는 것들을 느끼고 깨치는 것이다.

얼마 전에 길을 가다가 나는 도무지 속을 알 수 없는 자동차를 발견하고 한참을 쳐다보았다. 얼마나 진하게 썬팅을 했는지 절대로 안이 보이지 않는 차였다. 젊은 여자를 태운 후 그 자동차가 내 눈앞에서 홀연히 사라질 때까지 난 이런 생각을 했다.

'도대체 저 차 운전석에는 누가 타고 있을까. 여자? 남자?'

속을 알 수 없는 자동차는 뭔가를 숨기고자 하는 주인의 성향을 드러내고 있었다. 자동차 주인이 "내가 이 차에 타고 있다는 걸 드러내고 싶지 않소!"라고 굳이 소리 지르지 않아도 짙은 색으로 칠해진 차 유리가 그 말을 대변해 주고 있었던 것이다. 하지만 내부를 볼 수 없었으므로 속내를 알 수는 없었다. 나의 상상과는 다른 사정이 있는지도 모르고 누가 타고 있는지도 알 수가 없었다. 하지만 내가 그 자동차 문을 열고 들어갈 수 있다면? 뜻밖의 진실과 마주하게 될지도 모를 일이다. 이처럼 겉에서 대충 훑어보는 것과 속에 들어가서 바라보는 세상은 다를 수밖에 없다.

현상도 그렇다. 어떤 현상이 일어날 때 생각만 하고 끝내 버리면 그 현상의 본질을 볼 수가 없다. 사색을 하지 않고서는 현상의 내면을 깊이 응시할 수가 없는 것이다. 그래서 사색은 인생에 반드시 필요한 기술이다. 그런 사색을 하려면 진지한 접근이 필요하다. 생각을 진지하게 하라. 장난치듯 하는 생각은 전혀 도움이 되지 않는다. 진지하게 생각에 접근하는 자세가 필요하다. 지금 하는 이 생각이 내 인생을 바꿀 수도 있다고 믿으면서 생각하라. 그렇게 하다 보면 생각하는 태도가 달라질 것이다. 귀청을 울리는 소음이 들리는 대로변에서도 사색은 가능하다. 진지하게 이 생각을 하겠다는 의지만 있다면 주변 환경에 전혀 구애되지 않는다.

인생의 사색 법칙은 명료하다. 진중한 자세로 진지하게 생각을 하는 사람은 자신의 길에서 벗어나지 않는다는 것이 사색 법칙의 핵심이다. 여기서 자신의 길이란 자신이 소망하는 꿈의 길이다.

인생은 내게 열일곱 번째 비밀을 말해 주었다.

"생각을 한 후에는 반드시 사색하세요. 사색하는 사람은 생각하는 사람을 이깁니다. 생각은 사색으로 비로소 완전해진답니다. 오늘 그대의 삶이 힘겹다면 사색의 부족일 것이라고 확신합니다. 사색은 삶의 소소한 어려움까지도 단번에 해결할 수 있는 최고의 선택이니까요."

⑱

운명은 기회를 잡으려는 자에게 기회를 준다
- 인생의 기회 법칙

우리 사회는 실로 다양한 부류의 사람들이 존재한다. 그중에서 한탄을 밥 먹듯이 하는 사람들이 있다. 늘 실망 가득한 얼굴빛으로 이렇게 투덜거린다.

"왜 내겐 저런 좋은 기회가 주어지지 않는 거지?"

동료나 지인이 좋은 기회를 얻어 승승장구하는 모습을 보면서 이런 한탄을 늘어놓는 사람들이 꽤 있다. 똑같은 사람인데 누구는 기가 막히게 좋은 기회가 주어지고 누구에게는 단 한 번의 기회도 주어지지 않아서 억울하다고 한다. 그럼 같은 사람인데 도대체 왜 그런 차이가 생기는 걸까. 그 이유를 지금부터 공부해 보자.

인생은 내게 자신이 지닌 열여덟 번째 비밀을 가르쳐 주었

다. 그 비밀은 바로 기회에 관한 것이다.

"운명이 자신을 속인다고 생각하시나요? 천만에요. 운명은 그대를 속이지 않았습니다. 다만 그대의 용기 없음이 그대의 운명을 이렇게 바꿔 놓은 것뿐이에요. 기회를 얻으려면 그것을 얻기 위해 노력하세요. 아주 쉬운 일 같지만 쉽지 않은 일인 것 잘 알아요. 그렇지만 그대가 운명의 개척자가 되어서 기회를 얻기 위해 노력하지 않는다면 기회는 영영 오지 않을 거예요. 운명은 기회를 얻으려는 사람의 편에 서니까요."

운명은 기회를 잡으려는 자에게 기회를 준다고 인생은 말했다. 이것이 인생의 기회 법칙이다.

동료가 좋은 기회를 잡아서 잘나간다고 한탄하는 사람은 그렇게 속절없이 한탄할 것이 아니라 그 시간에 기회를 잡기 위해 노력해야 한다. 기회란 그저 주어지는 것이 아니다. 아무것도 하지 않고 성공하고 싶다고 해서 기회가 "날 받아라." 하고 나타나지는 않는다. 그건 우연한 행운에 불과하다. 우연한 행운은 인생의 보람이 될 수 없다. 진짜 좋은 기회는 수많은 준비와 노력, 정성이 있을 때 기웃거리면서 찾아온다. 성공한 사업가나, 베스트셀러 작가, 유명한 연예인 등. 좋은 기회를 운 좋게 얻어 잘 먹고 잘 사는 것처럼 보이는 사람들 전부가 기회를 포착하기 위해 피나는 노력을 했다는 사실을 잊지 말자.

아무리 노래를 잘해도 가수가 되기 위해 즉, 가수가 될 수 있는 기회를 잡기 위해 노력하지 않으면 고향 마을의 노래 잘하는 사람으로 남게 될 것이다. 아무리 글을 잘 써도 베스트셀러 작가가 되기 위해 노력하지 않는다면 혼자서 만족하는 무명작가로 생을 마감하게 될 것이다. 아무리 사업적 기질이 넘치는 사람이라도 성공한 사업가가 되기 위해 즉, 좋은 사업 기회를 얻기 위해 발바닥이 부르트도록 뛰지 않는다면 성공할 수가 없을 것이다. 기회란 거저 주어지는 우연의 결과물이 아니다. 좋은 기회란 그것을 얻기 위해 성심을 다한 자에게 주어지는 운명의 선물이다.

인생을 뒤바꿀 기가 막힌 기회를 얻고 싶은가. 그렇다면 기회를 잡을 수 있도록 일해라. 그만큼 눈물 흘리고 그만큼 뜨겁게 땀 흘려라. 가수가 되고 싶다면 목에서 피가 날 정도로 노래를 불러라. 연기자가 되고 싶다면 연기의 신이 될 정도로 열심히 연기 연습을 해라. 작가가 되고 싶다면 모니터 앞에서 죽을 각오로 글을 써라. 우수한 세일즈맨이 되고 싶다면 물건을 팔 수 있게 최선의 노력을 다하라. 운명은 놀고 쉬고 게으른 자에게 절대 기회를 주지 않는다. 대신 어떻게 해서든 기회를 얻기 위해 자신이 가진 재능을 열정적으로 불사르는 사람에게 기회라는 선물을 준다.

단, 기회를 얻기 위해 저지르지 말아야 할 것들을 기억해야 한다. 비겁한 술수로 다른 사람을 속이면서 기회를 얻으려고 하지 말기. 자신을 과장해서 기회를 잡으려고 하지 말기. 타인이 노력해서 일구어 놓은 것들로 기회를 얻으려고 하지 말기. 오직 돈과 권력을 얻기 위해서 기회를 얻으려고 하지 말기. 기회를 얻는 건 즐거운 일이다. 그러나 불순한 의도를 지닌 채 기회를 얻는다면 불행한 삶에 한 발 다가서는 결과가 될 것이다. 순수한 마음으로 기회를 얻기 위해 최선을 다하면 하늘은 그런 여러분의 정성과 눈물을 보고 반드시 기회를 주실 것이다. 자신을 속이지 말고 타인을 기만하지 말고 순수한 심정으로 노력하라. 그러면 기회는 어느새 여러분 곁에 성큼 다가와 있을 것이다.

⑲ 인생에는 빛과 어둠이 있다
- 인생의 양면성

대단히 성공한 작가가 있었다. 그의 책은 수백만 권이 팔려서 인세 수입도 엄청났다. 그에게는 엄청난 부와 명성이 생겼다. 그렇지만 그는 안주하지 않고 더 열심히 공부를 하고 글을 썼으며 사회에 환원하기 위해 기부도 하고 다방면으로 노력했다. 그런 그가 후에 시련과 맞닥뜨렸다. 왜냐하면 그의 성공을 보고 달려들었던 사람들이 배신하고 떠나갔기 때문이다. 지금도 그는 여전히 잘나가는 베스트셀러 작가지만 실의에 빠진 채 술잔을 기울이곤 한다.

"사람들이 날 배신했어. 난 그들에게 모든 걸 주었는데 말이야."

이처럼 착하고 성실한 사람에게도 어둠은 찾아온다. 물론 게으르고 불성실한 사람에게도 어둠은 찾아온다. 빛도 마찬가지다. 인생의 빛과 어둠은 지위고하, 성별, 연령 등에 구애받지 않고 공평하게 찾아오는 것을 우리는 목격하곤 한다.

인생은 내게 그가 간직한 열아홉 번째 비밀을 말해 주었다.

"그대여, 기억하세요. 인생에는 빛과 어둠이 있습니다. 모든 일이 술술 풀려 기분 좋은 빛의 날이 있는가 하면 모든 일이 엉망진창으로 꼬여 기분 나쁘고 슬픈 어둠의 날도 반드시 있답니다. 인생은 빛과 어둠이 공존하는 곳입니다. 그러니 빛의 날이 지속된다고 방심하지 말고 어둠의 날이 지속된다고 슬퍼하지 마세요."

이것이 인생의 양면성이다. 인생에만 양면성이 있는 건 아니다. 인간도 양면성을 지니고 있다. 천사와 악마가 공존하는 곳이 인간의 내면이다. 그렇지만 악마보다는 천사를 더 많이 보고 싶은 것이 사람의 마음일 것이다. 그래서 천사처럼 착한 사람들이 잘 사는 나라를 만들고 싶어 한다. 인생의 양면성인 빛과 어둠도 그러하다. 어둠보다는 빛을 더 자주 만나고 싶은 것이 인지상정이다. 가난하고 칙칙한 친구와 잘 살고 화려한 친구가 있다면 어떤 친구를 더 자주 만나고 싶을까. 조금 양심에 걸리지만 가난하고 칙칙한 친구는 멀리하고 화려하고 잘 사는 친구를 만나는 것이 대중이다. 그렇지만 모든 사람이 그러한 것은 아니다. 빛과 어둠, 이 두 가지를 모두 인정하고 두 가지 모두에 관심을 쏟는 사람도 있다.

어둠보다는 화려한 빛의 세계에 머무르고 싶지만 그것은 인간의 순진한 바람에 불과함을 기억하라. 빛은 어둠에 의해 사라지게 되어 있다. 그 빛 또한 어둠에 의해 점령되기 마련이다. 빛과 어둠은 쳇바퀴처럼 순환하면서 사람을 혼란시킨다. 빛의 날들이 지속되기만 바라던 사람에게 어둠은 크나큰 충격파가 되어 다가오게 된다. 그러므로 인생의 양면성을 항상 유념해야 한다. 인생에는 빛이 있고 또한 그 반대편에는 어둠이 도사리고 있다. 그래서 늘 불행한 사람도 없고 늘 행복한 사람도 없다.

재수라는 것도 그렇다. 늘 재수 없는 사람도 없고 늘 재수 있는 사람도 없다. 건강도 그렇다. 늘 건강한 사람도 없고 늘 아픈 사람도 없다. 기분도 그렇다. 늘 기분 좋은 사람도 없고 늘 기분 나쁜 사람도 없다. 인생의 양면성에 눈을 떠라. 위에 언급한 베스트셀러 작가도 마찬가지다. 그가 어떤 책을 써서 베스트셀러 작가로 성공했는지는 모르지만 그는 아직 자기 인생의 베스트셀러를 쓰지는 못한 사람이다. 인생의 베스트셀러란 자기 인생을 철저하게 통제할 수 있는 품성을 갖추는 사람이 되는 것인데 감정적인 제어도 포함된다. 빛이 사라지고 잠시 들어온 어둠에 감정을 유린당해서 괴로워했다면 그는 좀 더 인생 공부를 해야 하는 사람이다.

　나는 날마다 인생의 양면성에 대해 공부한다. 나에게 잠깐 찾아온 빛의 시간은 그리 길지 않을 것이며 곧 어둠이 찾아올 것임을 깨닫는다. 또한 나에게 잠깐 찾아온 어둠의 시간 역시 그리 길지 않을 것이며 곧 빛이 찾아올 것임을 깨닫는다. 빛과 어둠은 인생의 불행과 행복이 아니라 불행과 행복을 예시하는 것들이다. 우리가 어떤 마음으로 그것들을 받아들이느냐에 따라서 빛이 어둠이 될 수 있고 어둠이 빛이 될 수도 있다. 또 영원히 빛을 누릴 수 있고 영원히 어둠의 터널에 갇힐 수도 있다. 즉, 인생은 빛과 어둠이란 양면을 주었고 인간은 그 양면을 조화롭게 가꾸어 나가는 사명을 지닌 셈이다. 인생의 양면성은 자칫 지루해지기 쉬운 인생을 좀 더 모험적이고 재미있게 만들어 주었다는 것을 느낀다.

⑳

비우면 더 많은 것이 얻어진다
- 인생의 소유 법칙

여러분에게 수수께끼를 하나 내겠다. 잠시 머리도 식힐 겸 맞혀 주시기 바란다.

"비우면 비울수록 채워지는 것은 무엇일까요?"

자, 답이 생각났는가. 그렇다. 비우면 비울수록 채워지는 것은 휴지통이다. 휴지통은 날마다 비워도 날마다 채워진다. 그것이 휴지통의 존재 이유이기 때문이다. 만일 휴지통이 가득 찼는데 버리지 않고 가만히 놔둔다고 하자. 어떤 사태가 발생하는가. 휴지통은 넘칠 대로 넘쳐서 악취가 나고 그 근처에는 구더기가 생길 것이다. 휴지통은 본연의 임무를 다하지 못한 채 방치되고 사람들로부터 외면받을 것이다. 이 사건의 발단은 비우지 않았기 때문이다.

휴지통의 존재 이유는 비우는 것이다. 그럼 인간의 존재 이유는 무엇인가. 채우는 것? 요즘 사람들에게 존재 이유를 묻는다면 이렇게 말할 가능성이 높다.

"성공해서 부자가 되고 행복해지는 것이죠."

여기에서 행복을 빼면 성공과 부자라는 두 단어가 남는다. 성공과 부자가 의미하는 것은 바로 채우는 것이다. 가득 채우지 않으면 낙오되는 세상이 되어 버린 것은 아닐까. 하나라도 더 채우기 위해 사람들은 열심히 일한다. 그런데 사십 대를 넘기고 나서 자신의 인생을 돌아보면 도대체 무엇을 채웠는지 아리송해질 뿐이다. 그토록 채운다고 채우며 살아왔건만 막상 남아 있는 건 인생에 대한 쓰디쓴 후회뿐일 경우가 많다. 그래서 중년들이 우울증에 시달리게 되는 것이다. 채우는 것이 인간의 존재 이유가 아닌 이유가 여기에 있다. 만일 채워 온 것이 인간의 존재 이유라면 채우기 위해 죽도록 달려온 중년들이 그토록 자괴감에 사로잡혀서는 안 되는 것이다.

그럼 다른 답을 해보자. 인간의 존재 이유가 비우는 것이라면 어떤가. 그렇다면 더 할 수 없는 평화로움을 느끼게 된다. 채우기 위해 그동안 아득바득 살아온 인생이 한없이 초라하게 여겨진다. 비운다는 것만큼 사람을 자유롭게 하는 것도 없기 때문이다. 날마다 비우면서 산다면 채울 수 있는 공간이 그만큼 많아진다. 만일 채우기만 하고 비우지 않는다면 새로운 것을 갖다 놓을 공간도 없어질 것이다. 그러므로 비움을 실천한다는 것은 더 나은 삶을 위한 가능성의 공간을 열어 두는 것과 같다. 비운다는 것은 자신을 살리는 길이다. 이 비움의 철학은 인생을 풍요롭게 만드는 첩경이 될 것이다.

인생이 내게 가르쳐 준 스무 번째 비밀은 인생의 소유 법칙이다. 인생은 내게 가르쳐 주었다.

"비우면 더 많은 것이 얻어집니다. 소유 욕심은 인간의 본능에 가깝지만 본능은 아니랍니다. 인간은 소유의 본능이 아니라 나눔과 비움의 본능을 지니고 있어요. 모성애와 사랑에 대한 갈구 등을 보세요. 얼마나 인간이 이타적인지 알 수 있을 겁니다. 비우는 사람일수록 삶이 평화롭고 자유롭습니다. 그 까닭은 비우고 사는 사람에게는 추한 욕심이 없기 때문입니다. 소유하고자 하면 비워 내세요. 그래야 궁극적으로 바라는 바를 소유할 수 있습니다."

연인의 사랑을 바란다면 연인에 대한 집착을 비워라. 자식으로부터 효도받고 싶은 욕심이 있다면 자식에 대한 모든 바람을 비워라. 돈을 많이 벌고 싶다면 돈에 대한 모든 갈구를 비워라. 명예를 얻고 싶다면 키울수록 인간을 공허하게 하는 명예욕을 비워

라. 그래야 연인도 얻고 자식으로부터 효도 받을 수 있으며 돈도 많이 벌 수 있을 것이다. 아이러니하게도 인생은 집착을 버리고 놓아주면 그것이 제 스스로 다가오게 되어 있다.

전 세계적으로 추앙 받는 성직자나 존경받는 인물들의 공통점은 비우는 삶을 살았다는 것이다. 그리고 유명하지는 않지만 우리 주위에 있는 존경스러운 인물들의 공통점 또한 비움을 실천한 분들이다. 자신의 곳간만 채우려고 발악하는 사람은 절대로 훌륭한 업적을 이룰 수가 없다. 뿐만 아니라 존경이나 사랑도 받기 어렵다. 대신 자신의 곳간을 열어 빈곤한 사람들에게 나눠주고 비우는 사람은 존경받고 사랑받는다. 비우는 삶을 살아라. 아등바등 뭔가를 채우려고 하면 할수록 삶은 버거워진다. 그리고 그러한 삶은 인생이 바라는 진정한 인생이 아니다. 인생은 우리에게 바란다. 비우고 또 비우라고. 그래야 더 많은 것들을 얻을 수 있다고 말하고 있다.

㉑

잊어주는 것이 최고의 용서다
- 인생의 용서 법칙

    인간관계의 가장 어려운 점은 이 점이 아닐까 싶다. 바로 용서하는 것. 사람들과 관계하면서 살다 보면 자신에게 상처를 주는 사람을 만나게 된다. 여러 곳곳에서 받은 상처들은 개인의 아픔에만 국한되는 것이 아니라 나아가 사회적인 문제로 대두되기도 한다. 무차별적으로 행인들을 공격한 범죄자들의 경우 그들이 받은 어린 시절의 상처가 큰 원인이었음이 밝혀지곤 했다. 그러나 상처받은 사람들 전부가 범죄자가 되지는 않는다. 그 이유는 무엇일까.

    그것은 인생이 내게 가르쳐 준 스물한 번째 법칙을 공부하면 배울 수 있을 것이다. 인생은 우리에게 말하고 있다.

"그대여, 미워도 잊어버리세요. 잊어주는 것이 최고의 용서입니다. 수많은 사건들을 겪으면서 인간은 성장합니다. 용서도 성장의 한 계단이나 같아요. 그대는 용서라는 계단을 밟고 올라감으로써 인생을 변화시킬 수 있는 계기를 맞이하는 것입니다. 또한 용서함으로써 그대 자신을 고통의 감옥으로부터 구할 수 있게 될 것입니다."

이것이 인생의 용서 법칙이다. 자신을 아프게 한 사람을 떠올려 보라. 비수와 같은 말을 내뱉거나 모욕적인 행동을 하거나, 혹은 믿음을 배반하거나 얼토당토않게 모함하거나 한 사람들이 떠오를 것이다. 그들에게 지금 그대는 상처받은 것이다. 누군가를 떠올림으로써 아프고 괴로운 감정이 생긴다는 건 그에게 앙금이 남아 있다는 것과 같다. 즉, 그 사람으로부터 상처받았고 그 상처가 전혀 치유되지 않고 있다는 반증이다. 이러한 상처의 잔존은 인간을 고통의 연옥에 빠트린다.

칠순이 다 된 어느 여인의 이야기를 들어보자. 그녀는 열여덟 꽃다운 나이에 지금의 남편과 결혼했다. 그 당시에는 얼굴도 보지 않고 어른들 소개로 결혼을 하곤 했으므로 그녀 역시 남편의 얼굴을 첫날밤에 처음 보게 되었다. 남편은 철이 없었다. 사십 년이 넘는 결혼 생활 동안 술, 도박, 여자 등의 문제를 단 하루도 일으키지 않은 적이 없었다. 그녀는 혼자서 세 명의 자녀를 길러내야 했다. 고단한 삶의 무게로 지치고 병든 그녀는 지금 칠순의 문턱에 서 있다. 그런데 그녀의 남편이 작년에 교통사고로 죽고 말았다. 그 이후가 문제였다. 골칫거리 남편이 사라지면 모든 게 평온해질 줄 알았는데 그녀는 지금 남편의 생존 시보다 더 고통스러워하고 있다. 병원에 다녀봐도 소용이 없었다. 이유는 단 하나였다. 즉 남편에 대한 지독한 원망 때문이었다.

"살아생전에 그렇게 속을 썩이더니 내게 미안하단 말 한마디 없이 떠나 버린 나쁜 사람!"

이것이 그녀가 읊어대는 넋두리의 주요 내용이다.

그렇다. 그녀의 남편은 이 세상에 없는 사람이다. 그런데도 그녀는 그를 떠올리면서 고통스러워하고 있다. 이것은 누구의 잘못일까. 우선은 원인을 제공한 남편의 잘못이 클 것이다. 그렇지만 결론적으로 보면 그녀의 잘못이 더 크다. 왜냐하면 그녀가 아직도 남편을 용서하지 못하였다는 것을 스스로 입증하고 있기 때문이다. 만일 그녀가 남편이 죽은 후에라도 용서를 했다면 이렇게 고통스러운 나날을 보내지는 않을 것이다. 용서하지 못하는 사람은 죽은 사람도 원망하고 그 때문에 자기 삶 역시 황폐하게 만든다. 죽은 사람이 산 사람을 죽일 수도 있다는 말이다. 죽은 자 때문에 산 자가 고통스러워하는 것, 그건 용서하지 못하는 사람에게 주어지는 형벌이다.

용서는 자신을 위한 것이라는 말은 자칫 식상한 말 같지만 진실이다. 우리는 용서해야 한다. 진정한 어른이란 누구든지 용서할 수 있는 사람이다. 작은 잘못을 저지른 사람도 크나큰 잘못을 저지른 사람도 모두 용서할 수 있는 사람이야말로 인생 공부의 최고 우등생이다. 나는 용서하지 못한 사람을 품고 사는 것을 경계한다. 그것만큼 무모한 일도 없다. 용서하지 못해서 가슴에 품은 사람이 있다면 지금 이 순간 가만히 내려놓아라.

  누군가를 증오하면서 꿈을 이룬들 무슨 소용이 있으랴. 누군가를 원망하면서 성공하면 무슨 소용이 있으랴. 누군가를 죽도록 미워하면서 행복하다고 말한다면 그건 거짓말이다. 다른 사람을 증오하면서 행복할 수 있는 사람이란 이 세상에 없다. 이것 역시 진리다. 용서하라. 그동안 그 사람 때문에 힘들었던 기억조차 용서하고 잊어라. 그가 금전적으로 손해를 끼친 사람이든 육체적으로 정신적으로 학대한 사람이든 잊어줄 수 있는 아량을 베풀어야 한다. 용서는 자기를 위한 선행이기도 하다. 최고의 용서 방법은 바로 잊어주는 것이다. 날마다 잊어라. 나를 아프게 한 사람, 나를 아프게 한 상황. 그 모든 것들을 기억 속에서 말끔히 지워내라.

22

이별은 반드시 찾아온다
- 인생의 이별 법칙

누군가 나에게 세상에서 가장 슬픈 일이 무엇이었느냐고 묻는다면 나는 이별이라고 말할 것이다. 이별을 한 후에 겪는 정신적 고통은 말로 형언할 수 없을 정도다. 어떤 이별이든 이별은 통증을 수반한다. 연인과의 이별뿐만 아니라 직장이나 이사 때문에 사람들과 헤어지게 될 때도 마음이 좋지 않다. 또한 더 괴로운 것은 사랑하는 사람과 사별하는 것이다. 이것만큼 사람의 심정을 뒤흔드는 강력한 사건도 드물다. 사랑하는 사람이 죽은 후에 바로 따라 목숨을 끊는 경우도 있고 죽은 자식을 그리워하다 그게 병이 돼 죽는 경우도 있다.

인생은 내게 스물두 번째 비밀을 가르쳐 주었다. 그 비밀은

많은 이들이 이미 알고 있는 이별에 관한 것이다. 인생은 나에게 말한다.

"그대여, 내 말을 기억하세요. 이별은 반드시 찾아올 것입니다. 피하려고 해도 이별은 찾아올 것이고 외면하고 싶어도 이별은 찾아올 거예요. 그대가 인간으로 태어난 이상 이별은 이미 준비된 선물이랍니다. 그것을 거부할 수는 없어요. 마치 죽음과 같죠. 그러므로 이별하지 않을 때 미리 이별을 대비하세요."

이것이 인생의 이별 법칙이다. 인생에는 이별 법칙이 있다. 지금부터 이별 법칙을 공부해 보자. 누구나 이 말에는 공감한다.

"사람은 살다 보면 헤어지는 날이 오게 된다."

그런데 이상한 것은 이 말을 익히 알면서도 이별의 순간을 대비하지 않는다는 것이다. 이별 법칙은 이런 무관심에 대한 일침이다. 아름답게 이별하기 위해서는 이별을 공부해야 한다. 이별은 피할 수 없는 것이고 언젠가는 반드시 찾아온다는 사실을 깨우쳐야 한다. 그렇다면 이런 피할 수 없는 이별 앞에서 인간은 어떻게 처신해야 하는가. 이별을 공부하지 않는 사람은 이별과 대면하면 허둥댄다. 준비 없이 찾아온 이별만큼 사람을 혼란스럽게 하는 일도 드물다.

이별을 준비하자. 첫 번째 이별 준비법은 이별하기 전에 그들과 행복하게 지내는 것이다. 그래야 이별하게 되더라도 후회스럽지 않다. 학교 폭력으로 사랑하는 아들을 잃은 어느 부모는 이런 후회를 하였다.

"살아있을 때 너에게 공부하란 잔소리 대신 사랑한다는 말을 더 많이 해주고 더 많이 안아줄 것을. 미안하구나."

떠난 후에 후회하고 울면 무슨 소용이 있겠는가. 여러분 주변 사람들에게 잘해 주어라. 그들과 곧 이별할 날이 올 것이다. 그들의 얼굴을 다시는 보지 못할 날이 곧 올 것이다. 잘해 준다는 건 이런 것이다. 단점을 지적하지 않기, 화내지 않기, 아플 때 함께 아파해 주기, 외로울 때 따뜻한 말 건네기, 억지로 무엇인가를 강요하지 않기 등.

두 번째 이별 준비법은 자기를 위해 선물을 하는 것이다. 이별은 타인과 내가 겪는 것이지만 이별의 당사자는 내 자신이다. 그러므로 내 마음을 더 단단하게 만들어 놓아야 한다. 이별이 견딜 수 없을 만큼 괴로워도 나를 지킬 줄 아는 사람에게는 견딜 만한 일이 되는 것이 인생이기 때문이다. 내 자신이 갖고 싶은 것을 사서 가끔 스스로에게 선물하라. 가족들만 챙기지 말고 내 자신을 챙겨라. 최후에 이별할 사람은 다른 누가 아닌 자기 자신이다. 우리는 자신과 작별할 때 비로소 모든 것들과 헤어진다.

세 번째 이별 준비법은 그들과의 추억을 많이 기억하는 것이다. 요즘 드라마에 자주 등장하는 소재가 있다. 바로 치매이다. 노년층만 치매에 걸리는 줄 알았는데 최근에는 젊은 층도 치매에 걸린다고 한다. 초로기 치매의 환자들은 채 육십도 되지 않은 사람들이다. 그들은 자신의 기억을 서서히 잃어간다. 자의로 하는 이별이 아니라 병 때문에 이별을 하게 되는 것이다. 건강한 사람도 이별을 하게 되어 있다. 자의든 타의든 자연적인 원인이든 이별은 반드시 찾아온다. 그럴 때 현명한 이별법을 공부한 사람은 이렇게 행동한다. 이별하기 전에 그들과의 추억을 많이 기억하는 것이다. 그들은 어머니, 아버지, 연인, 오빠, 자식, 누나, 남동생, 여동생, 친구, 지인 등 그대가 아는 모든 이들이다. 그들에 대해 모든 것들을 다 기억할 수는 없겠지만 적어도 모습, 목소리, 체취 등은 확실하게 기억하라.

나는 아직도 사랑하는 엄마의 목소리와 체취, 모습을 생생하게 기억한다. 우리 엄마는 이런 목소리를 가지셨지, 하면서 혼자 엄마의 목소리를 흉내 내기도 하고 엄마의 냄새를 킁킁거리면서 맡아 보기도 한다. 엄마의 동작, 엄마의 미소를 모두 기억하기 때문에 엄마와의 영원한 이별을 잘 견디고 있는 중이다. 이별을 견디려면 그만큼의 추억이 필요하다. 그러므로 살아있을 때, 함께 있을 때, 즉 이별하기 전에 그들과 더 많이 웃고 떠들고 행복한 시간을 가져라. 그것이 가장 지혜로운 이별 법칙이다.

(23)

인간은 우주로 회귀한다
- 인생의 회귀 법칙

사람이 죽으면 어디로 갈까. 인간이 가장 많이 한 생각 중에 하나가 아닐까 싶은 통속적인 질문이다. 과연 사람이 죽으면 어디로 가는 걸까?

이에 대해 인생은 자신이 지닌 스물세 번째 비밀을 내게 가르쳐 주었다.

"인간은 죽어서 무엇이 될까? 궁금하셨나요. 제가 그 비밀을 알려드릴게요. 인간은 본래의 곳으로 회귀한답니다. 여기서 본래의 곳이란 어디를 지칭하는 것일까요. 그대가 상상하는 대로 본래의 곳이란 자연입니다. 더 나아가 우주라고 볼 수 있습니다. 그대는 죽어서 우주가 될 거예요. 그러니 자신의 죽음이 허무하

다고 생각하지 마세요. 우주는 모든 생명이 탄생하는 자궁이니까요."

이것을 인생의 회귀 법칙이라고 말할 수 있을 것이다. 이런 회귀 법칙을 공부하지 않는 사람은 죽음이 무척 두려울 것이다. 왜냐하면 죽어서 도대체 어디로 가는지 알 수 없기 때문이다. 모호한 추측은 두려움을 잉태하는 근원이다. 확실히 뇌리에 각인시켜라. 우리는 죽어서 우주로 돌아간다.

우주 하면 낯선 느낌이 드는 것도 사실이다. 우주란 개념 자체가 막연하고 광대하기 때문이다. 우주란 것은 과학자나 천체 물리학자 등 별이나 과학에 관심 있는 사람들에게나 열려 있는 곳이란 느낌이 든다. 하지만 그건 오해다. 우주는 바로 우리 자체이기 때문이다. 우리가 숨 쉬는 공간, 시간, 느끼고 볼 수 있는 모든 것, 느낄 수도 볼 수 없는 모든 것, 들을 수 있는 모든 것과 들을 수 없는 모든 것 등이 우주다. 그러므로 우리는 우주 속에 속해 있는 중이다. 그리고 우리가 온 곳도 우주다. 우주에서 온 우리는 인간이라는 육체 안에 잠시 거주하는 중이다. 본래의 우주로 돌아가기 위해서는 아쉽지만 인간이라는 굴레를 벗어나야 한다. 그것이 죽음이라는 의식이다.

죽는다는 것에 대해서 너무 두려워하지 말라. 죽음은 인간이 우주가 되기 위한 하나의 과정에 불과하다. 사람들은 죽은 이를 보고서 깜짝 놀라거나 소름 끼쳐 하거나 무서워하곤 한다. 그것은 인간이라면 누구나 느낄 법한 죽음에 대한 공포에서 비롯된 현상이다. 하지만 인간의 사체를 죽음이라는 부정적 관점이 아니라 우주로 돌아가는 과정에 있다는 시각에서 보면 그렇게 혐오스럽지만도 않게 된다. 모든 것은 무에서 유로, 다시 무로 돌아가게 되어 있기 때문이다. 거름이 되기 위해서 썩는 퇴비처럼 인간도 죽음 후에 해체의 시기를 거쳐 우주로 돌아간다.

인간은 영과 육 그리고 정신, 이 세 가지로 구성된 존재다. 죽음은 육체를 벗어나는 의식이다. 우주로 돌아가는 것은 우리가 자연이 된다는 의미일 것이다. 그런데 인생의 회귀 법칙에는 독특한 면이 있다. 돌아가되 자신이 살아생전에 바라던 곳으로 돌아간다는 것이다. 이 점은 인생의 회귀 법칙 중 가장 중요한 부분이다. 우리는 죽어서 우리가 생전에 추구하던 대로 존재할 것이다.

여러분은 꽃을 좋아하는가. 그럼 여러분은 꽃이 될 것이다. 하늘을 좋아하는가. 그럼 하늘이 될 것이다. 바람을 좋아하는가. 그럼 바람이 될 것이다. 시간의 흐름을 좋아하는가. 그럼 시간의 흐름이 될 것이다. 나뭇잎을 좋아하는가. 그럼 나뭇잎이 될 것이다. 지금 살아있는 내가 좋아하는 것들이 바로 내 미래의 모습이다.

사람은 죽어서 자신이 바라는 우주가 된다. 그러므로 항상 아름다운 것들을 바라보는 사람이 되어야 할 것이다. 추한 것을 바라보고 즐기는 사람에게는 그런 사후 세계가 펼쳐질 것이다. 인생의 회귀 법칙은 우리에게 경고한다.

"살아생전에 걸어온 그대의 발자취가 미래의 자신이 될 것입니다."라고.

(24)

자신의 일을 사랑하면 최고가 될 수 있다
- 인생의 직업 법칙

　어떤 일을 하고 싶어서 미칠 것 같았던 기억이 있는가. 그 일이 그대의 직업이 되어야 한다. 춤을 추고 싶어서 미칠 것 같다면 그대는 춤꾼이 되어야 한다. 글을 쓰고 싶어서 미칠 것 같다면 그대는 작가가 되어야 한다. 연기를 하고 싶어서 미칠 것 같다면 그대는 연기자가 되어야만 한다. 이것을 소질 또는 재능이라고도 한다. 소질과 재능에 따라서 직업을 선택하면 행복한 삶을 살 가능성이 높아진다. 왜냐하면 인생의 행복은 자신이 하고 싶은 일을 할 때 가장 뚜렷하게 감지할 수 있기 때문이다.
　인생이 내게 가르쳐 준 스물네 번째 비밀은 직업에 관한 것이다. 사회생활을 하려면 누구나 직업을 가져야만 한다. 직업이 없다는 것은 아무런 일도 하지 않고 논다는 것을 의미한다. 그렇다고 보면 모든 인간은 직업을 가진다고 볼 수 있다. 직장인이든 주부든, 학생이든 실업자든 직업을 가지고 있다. 실업자도 직업인에 속한다고 말하는 것은 실업자란 직업을 구하기 위해 일시적으로 휴식하고 있는 사람들이기 때문이다. 백수와 실업자는 다르다. 이렇게 많은 직업을 가진 사람들이 살아가는 세상에서 최고의 직업인이 되는 길은 어떤 것인가, 궁금하지 않을 수 없다. 이에 대해 인생은 이렇게 조언한다.

"그대여, 지금 하고 있는 자신의 일을 사랑하세요. 그 일이 자신에게 주어진 최고의 천직이라고 여기세요. 미치도록 열정을 불태워 일하세요. 그러면 최고가 될 수 있어요."

이것이 인생이 내게 가르쳐 준 스물네 번째 비밀인 직업 법칙이다. 즉, 자신이 일하는 분야에서 최고의 장인이 되고 싶다면 이유 불문하고 그 일을 사랑해야 한다는 것이다.

자기 일을 사랑한다는 것은 자칫 오해하면 관념적인 개념이라고 볼 수도 있다. 하지만 관념적이지 않다. 실제로 일상에서 직업을 사랑하는 일은 얼마든지 가능하다. 누구나 자기 일을 사랑하면서 할 수 있다.

시장에서 생선을 파는 상인이 자기 일을 사랑한다면 더 많은 매출을 올리게 될 것이다. 왜 그럴까. 그것은 그 반대의 경우를 생각해 보면 쉽게 답을 구할 수 있다. 생선을 파는 상인이 자기 일을 사랑하지 않는 경우를 생각해 보자. 그는 자기가 하는 일을 매우 싫어한다. 심지어 혐오한다. 그는 생선 비린내가 구역질 난다. 그래서 아침에 마지못해서 느릿느릿 출근한다. 싱싱한 생선 대신 오래되고 부패한 생선이 진열대에 쌓여 있다. 그는 자기 일을 사랑하지 않기 때문에 적극적으로 신선한 생선으로 교체해 놓을 생각을 하지 못한다. 그래서 생선을 사러 온 손님들은 불결한 위생 상태와 품질 나쁜 생선을 보고 기겁해 간 후에는 다시 찾아오지 않는다. 결과적으로 자기가 하는 일을 사랑하지 않는 생선 가게 주인은 곧 망하게 될 것이다.

만일 반대로 그가 자기 직업인 생선 파는 일을 사랑했다면 위와 반대로 행동할 것이다. 날마다 즐겁고 기쁜 마음으로 이른 새벽에 일어나서 싱싱한 생선을 가져다 놓을 것이고 손님들에게도 밝고 활기찬 얼굴을 보여줄 것이다. 그러면 손님들도 생선 가게의 깨끗한 위생 상태와 주인의 생생한 기운과 친절함, 품질 좋은 생선을 보고 단골이 될 것이다. 여러분이라면 어떤 생선 가게의 주인이 될 것인가. 어떤 생선 가게의 손님이 되고 싶은가.

자기가 하는 일을 심장이 떨리도록 사랑하라. 그러면 억지로 기를 쓰고 발버둥치지 않아도 저절로 최고가 될 것이다. 사람은 자기가 하는 일을 사랑할 때 자기도 모르는 천재적 재능이 분출

되게 되어 있다. 미치도록 그 일을 사랑하게 되면 내면에 잠재돼 있던 위대한 자질이 남김없이 쏟아져 나온다. 그때 비로소 직업과 하나가 된 최고의 직업인이 되는 것이다.

(25)

희망 없이는 아무것도 이룰 수 없다
- 인생의 희망 법칙

인생이란 꿈을 이루어 가는 지난한 여정이다. 그런데 꿈이란 결국 이것이 있어야만 제 구실을 할 수 있다. 이것은 바로 희망이다. 꿈은 희망이라는 동력이 있어야만 이룰 수 있다는 사실을 알고 있는가. 희망과 꿈은 불가분의 관계다. 희망만 있고 꿈이 없는 인생은 빈껍데기 인생이고 꿈만 있고 희망이 없는 인생은 추진력을 잃은 통통배에 지나지 않는다.

인생은 내게 가르쳐 주었다. 가슴속 깊이 간직한 스물다섯 번째 비밀인 인생의 희망 법칙을. 그의 목소리는 어느 때보다 떨렸다.

"사랑하는 그대여, 희망을 가지세요. 희망 없이는 아무것도 이룰 수 없다는 사실을 아시나요. 그대의 꿈이 무엇이든지 희망을 접목시키지 않는다면 결코 이룰 수 없답니다. 희망을 버리지 마세요. 반드시 좋은 날이 올 것이니까요. 무릎이 꺾일 것처럼 힘들더라도 버티세요. 조금만 더 버티고 견뎌내세요. 희망은 끈기 있게 버티는 사람에게 머문답니다."

희망이란 무엇일까. 조금 더 구체적으로 공부해 보자. 희망은 절망의 반대편 의미로 자주 회자된다. 절망하지 말고 희망을 가져라. 절망 대신 희망을! 이런 비슷한 말을 많이 들었을 것이다. 맞는 말이다. 절망은 희망으로 교체될 수 있고 희망만이 절망을 물리칠 수 있다. 희망이란 미래에 대한 가장 긍정적인 기대다. 희망은 자신의 가능성을 조건 없이 믿는 것이다. 희망은 운명이 자신을 버리지 않을 것임을 낙관하는 것이다.

우리는 희망을 지닐 때 내면에서 어떤 변화가 생기는지 잘 알고 있다. 희망으로 가슴이 가득 차 있을 때는 좌절의 기운이 스며들어도 동요하지 않는다. 마치 독감 예방주사를 맞은 사람처럼 불운한 기류를 물리칠 힘을 지니고 있는 것이다. 하지만 희망이 없는 사람은 작은 불운에도 뿌리째 흔들린다. 그는 희망이라는 예방주사를 맞지 않은 사람이기 때문이다.

희망이란 예방주사를 어떻게 하면 맞을 수 있을까. 어디에 가야 맞을 수 있을까. 희망은 어디에 가거나 어떤 방법으로 맞을 수 있는 예방주사가 아니라 스스로가 놓는 것이다. 이 말을 풀이하면 누구나 희망이라는 예방주사를 맞을 수 있다는 말이다. 아무것도 지불하지 않고서 말이다. 희망은 무료, 공짜, 평생 맞아도 부작용 없는 예방주사다.

앞서 말했듯 희망은 미래에 대한 가장 긍정적인 기대다. 자신의 미래를 낙관하는 일은 자신을 위한 최고의 투자가 될 것이다. 앞날을 두려워하지 말고 낙관하라. 무슨 일이 벌어질까 염려하지 말고 나쁜 일이 벌어져도 자신을 위한 절호의 기회라고 생각하라. 그런 마음가짐이라면 얼마든지 좋은 방향으로 일을 진행시킬 수 있게 된다. 희망은 불운이라는 물줄기를 행운과 축복이라는 지류로 되돌려 놓는 방향타와 같다. 인간이 희망으로 무장한다면 불행에 눈물 흘릴 일은 없지 않을까 싶다.

우리는 자주 희망으로 새 삶을 찾은 이웃들의 이야기를 듣거나 본다. 뜻하지 않은 병이나 사고로 시력을 잃은 이웃이 다른 기능을 활용해서 더 활발하게 사회생활을 하고 척추 뼈가 녹아내리는 병에 걸린 사람이 하루 종일 침대에 누워서도 인터넷 등을 통해 가수로 활동하는 모습 등을 말이다. 그들에게 희망이 없었더라면 과연 그 자리에 있을 수 있었을까.

나는 요즘 깊은 감동을 자주 받는다. 뉴스를 볼 때마다 그를 보면 가슴이 벅차오른다. 두 눈을 지그시 감고 신뢰감 있는 목소리로 말하는 그를 보면 숙연해지기까지 하다. 그는 시각장애가 있는데도 불구하고 아나운서로 뉴스를 진행한다. 그의 생활 뉴스를 볼 때마다 나는 감동한다. 왜냐하면 그의 희망을 볼 수 있기 때문이다. 눈이 보이지 않아도 좌절하지 않고 희망을 가지고 공부를 해서 아나운서가 되어 당당하게 공중파 뉴스를 진행하는 그야말로 인간 승리의 표본이 아닐까 싶다. 그는 어떤 아나운서보다 잘생겼고 멋있다. 그에게서는 희망이라는 빛나는 오로라가 뿜어져 나오기 때문이다. 사람들은 그의 뉴스를 보면서 희망을 함께 전송받을 것이다.

비루한 삶이든, 풍족한 삶이든 모두 받아들이고 감사하라. 희망은 감사하는 마음에서 출발한다. 매사를 긍정적으로 해석하는 것도 희망찬 삶을 사는 사람의 행동 패턴이다. 죽어도 희망을 버리지 않겠다는 마음을 가져라. 절대로 희망의 끈을 놓치지 않겠다는 의지를 다져라. 그대가 희망을 버리지 않는 한 희망은 그대 곁을 떠나지 않을 것이다. 희망이야말로 빈털터리 거지가 되어도 내 곁을 떠나지 않을 마지막 존재라는 사실을 기억하라.

㉖

존경받으려면 겸손해야 한다
- 인생의 겸손 법칙

    최고의 명성을 얻은 사람이 이것을 겸비하지 못하면 결국엔 사람들에게 외면받는데 이것은 무엇일까. 이것은 겸손이다. 겸손이 겸비되지 않는 지식, 재력, 외모 등은 아무 소용이 없다. 절세미녀도 겸손하지 않다면 그 미모가 반감될 것이고 세계 최고의 지능을 가진 사람도 겸손하지 않다면 그의 지능은 길거리의 걸인보다 못하게 취급당할 것이다. 지능과 미모, 재산과 모든 배경을 한순간에 물거품처럼 사라지게 할 수 있는 것이 바로 겸손의 부재다.

    내가 아는 어떤 사업가는 겸손하지 못한 말 한마디 때문에 수천억 원어치의 계약을 날려 버렸다. 상대편이 그의 거만한 말투 때문에 계약을 취소해 버린 탓이다. 그는 통탄하며 후회했지만 때늦은 후회가 되고 말았다. 겸손이란 사람을 이처럼 단시간에 최고에서 최저로 만들어 버릴 수 있는 것이다. 겸손하지 않은 사람은 자기 목에 폭탄을 매단 채 사회생활을 하고 있는 것과 같다. 그 폭탄은 바로 거만함이란 역겨운 자세이다.

인생은 내게 스물여섯 번째 비밀을 가르쳐 주었다.

"그대여, 항상 겸손하세요. 존경받으려면 겸손해야 합니다. 설령 존경받고 싶지 않다고 하더라도 그대는 겸손해야 합니다. 자신을 낮추면 다른 이들이 그대를 높여줄 거예요. 겸손을 생활의 기준점으로 삼으세요. 겸손이야말로 인간에 대한 가장 큰 사랑이니까요."

이 겸손 원칙은 모든 인간에게 공평하게 적용된다. 겸손이란 다른 존재를 위하는 마음에서 우러나오는 태도다. 내가 잘났다고 말함으로써 다른 사람이 받을 상처를 미리 헤아리고 자화자찬하지 않는 것이 겸손이다. 그러므로 겸손하다는 것은 다른 존재에 대한 최고의 존중이라고 해도 될 것이다.

사랑받는 것은 겸손하지 않아도 가능하다. 왜냐하면 사랑은 모든 것을 불문하고 행할 수 있기 때문이다. 하지만 인간으로서 존경받으려면 겸손하지 않으면 안 된다. 내 잘난 것을 스스로 떠벌리는 것은 자기 얼굴에 가래침을 뱉는 일이다. 기억하라. 자화

자찬하는 그 순간이 자신에게 가장 치욕적인 순간이라는 것을. 그것을 공부하지 않은 사람은 자기 자랑에 침이 마를 지경이다.

"난 말이야, 이 방면에서 다른 사람보다 훨씬 능력이 뛰어나, 나 이렇게 잘난 사람이야."

"우리 집에는 온갖 보석이 있고 가진 재산도 어마어마하지. 나만큼 부자인 사람 있으면 나와 보라고 해."

이런 사람은 스스로 높임으로써 다른 사람들이 자기를 우러러볼 것이라고 착각하지만 실상은 조소를 면치 못하고 있는 중이다. 인간은 자기보다 잘난 사람을 보면 무의식적인 질투가 우러나온다. 그 질투는 마음에 상처를 주기 쉽다. 그래서 우리는 나보다 잘났다고 여겨지는 사람이나 그렇지 않은 사람이 스스로 잘났다고 말하는 것을 참을 수 없어 한다.

여러분이 아무리 다른 사람보다 똑똑하고 잘났더라도 그 사실을 스스로 떠벌리는 실수를 범해서는 안 될 것이다. 그것은 인생 최악의 치명적인 실수다. 천재여도 천재라는 것을 밝히지 마라. 모든 것을 다 알아도 다 안다고 떠들어대지 마라. 입을 무겁게 하는 대신 행동으로 능력을 보여줘라. 여러분이 가진 일말의 천재성마저도 짓밟는 것이 바로 겸손하지 못하게 행동하는 것이다. 겸손은 나를 낮춤으로써 오히려 존중받게 하는 마력이 있다. 그런 겸손을 왜 실천하지 못하는가.

(27)

하나를 얻으려면 하나 이상을 내놓아라
- 인생의 대가성

지금 이 시간에도 인기를 얻기 위해 땀 흘리는 연예인 지망생들이 많이 있다. 긴 무명 시절을 잘 견디고 톱스타가 된 어느 연예인이 하소연했다. 귀 기울여 들어보자.

"인기를 얻고 보니 무명 시절이었던 지난날이 그립습니다. 그 시절에는 길거리에서 친구들과 어울려 떡볶이도 마음대로 먹고 다른 사람 눈치 보지 않고 자유롭게 살았는데 지금은 대중들 시선 때문에 함부로 행동할 수가 없습니다. 마치 족쇄를 찬 것처럼 힘드네요."

이 말을 들은 보통 사람들은 배부른 투정이라고 무시할 수도 있지만 그들 입장도 이해가 간다. 인기를 얻고 나니 사생활이 사라졌다는 말은 연예인들이 자주 하는 말이기도 하다. 집안 곳곳을 향해 카메라를 들이대고 있는 파파라치에게 시달리는 그들의 삶도 녹록지는 않을 것이다. 집 앞 슈퍼에 갈 때도 메이크업과 패션에 신경 써야 하고 연애도 제대로 못하는 삶이 때론 힘들기도 할 것 같다.

인생은 내게 스물일곱 번째 비밀을 가르쳐 주었다. 그 비밀은 바로 인생의 대가성에 관한 것이다. 인생은 하나를 얻으려면 하나 이상을 내놓으라고 말한다. 그 말을 음미해 보면 왜 스타가 인기를 얻은 대신 사생활을 포기해야 했는지 이해가 갈 것이다. 인기 스타만 그러한 것은 아니다. 보통 사람들도 마찬가지다. 새로 하나를 얻으려면 자기가 지닌 것 중 하나 이상은 내놓아야만 한다. 이것이 인생의 대가성이다.

그런데 이 법칙을 공부하지 않은 사람은 하나를 더 얻으려고만 하고 하나 이상을 내놓을 생각을 전혀 하지 않는다. 모든 걸 움켜쥐려고만 하고 대가를 지불하려고 하지 않으니 말썽이 생기는 것이다. 심심찮게 들려오는 사기 범죄 등의 뉴스는 인생의 대가성을 공부하지 않은 사람들의 말로를 보는 것 같아 씁쓸하다. 무엇을 얻고자 한다면 그만한 것을 지불해야 하는 것이 세상 이치다. 그런 이치를 무시하고 무조건 자기 잇속만을 챙기려고 하면 반드시 문제가 생기게 마련이다.

원한을 사거나 범죄를 저지르거나 대가를 지불하지 않은 사람은 타의에 의해서라도 그 대가를 치러야만 한다. 타의에 의해 대가를 징수당하는 것은 인간으로서 수치다. 그렇게 되기 전에 스스로 대가를 지불하는 떳떳한 삶을 살아야 할 것이다. 하나를 얻으려면 하나 이상을 내놓는 것을 원칙으로 세상을 살아라. 인기를 얻으려면 사생활쯤은 포기할 줄 알아야 한다. 또한 자기 재능을 갈고 닦는 수고도 해야 한다. 사생활도 완벽하게 노출시키지 않고 노력도 하지 않으면서 인기 스타가 되려고 하는 사람은 없을 것이다. 유명해진다는 것은 유명으로 얻을 수 있는 것에 비례해 다른 것을 대가로 지불하는 것을 수락한다는 일종의 합의다. 그러므로 여러분이 유명해지고 싶다면 그로 인해서 벌어질 불편을 충분히 예상하고 행동해야 할 것이다.

　이 원칙은 다른 여러 상황에도 적용된다. 손님을 얻으려면 손님에게 그만한 것을 내놓아야 한다. 가게만 근사하게 차려놓는다고 해서 손님이 제 발로 찾아오지는 않는다는 말이다. 손님을 얻으려면 가게 주인으로서 무엇을 내놓아야만 할까. 우선 가게를 차린 목적을 잘 기억해야 할 것이다. 가게란 물건을 파는 곳이다. 그러므로 물건이 우선 좋아야 할 것이다. 또한 가게 내부도 깨끗하고 청결해야 할 것이다. 더불어 물건을 파는 사람의 자세도 중요하다. 친절하지 않으면서 자기 가게에 손님이 오지 않는다고 한탄하는 주인은 가게를 운영할 자격이 없는 사람이다. 장사란 것은 대가를 치르는 직접적인 형태다. 가게 주인은 손님을 얻어야 하고 손님은 물건을 얻어야 한다. 가게 주인은 손님을 얻기 위해 해야 할 일이 있고 손님은 물건을 얻기 위해 지불해야 할 것이 있다. 하나는 친절과 전문성이고 하나는 돈이다.

하나도 내놓지 않고 하나 이상을 얻으려고 하는 사람은 도둑이나 마찬가지의 심보를 지녔다. 어떤 거래에서건 자기 이득만 챙기려고 하는 사람은 망할 것이다. 내가 사는 곳은 농촌 지역이다. 그래서 밭일을 하는 사람들이 많다. 하루하루 밭에 가서 일을 하고 사는 사람들에게 어떤 사장은 노임을 주지 않고 차일피일 미루기도 한다. 하루 벌어서 하루 사는 사람들에게 하루 일당을 주지 않는다는 것은 굶어 죽으라는 의미나 마찬가지다. 그런데 사장은 자기 몫은 챙기고 인부들의 돈을 주지 않았다. 그 사장은 그 후에 부자가 되었을까. 당연하게도 그 사장은 점점 망해 가고 있는 중이다. 노임을 떼먹는다는 소문이 퍼져서 사람들이 그 사람과 함께 일하는 것을 꺼리게 되었기 때문이다. 다른 사람의 임금을 가로채는 악덕 사장들 역시도 인생의 대가성을 공부하지 않은 사람들이다.

얻으려면 주어야 하는 것이 인생의 법칙이다. 그런데 하나를 얻는다고 하나만 주어서는 늘 그 자리 신세를 면치 못한다.

"네가 하나를 주니까 나도 하나만 줄게."

이런 사고방식으로는 인생을 변혁시키기도 어렵고 발전시키기도 어렵다. 직장 생활에서도 이런 사고방식으로 일하면 승진이 어려울 것이다. 대신 "네가 하나를 주면 난 둘을 줄 거야." 혹은 "네가 하나를 주니까 난 그 이상을 주겠어." 이런 마음으로 일하게 되면 승진하기도 쉽고 대인 관계도 원만해지게 될 것이다. 왜냐하면 사람들은 자신에게 하나라도 더 주는 사람에게 끌리기 때문이다. 기억하라. 사람들은 자신에게 조금이라도 이득이 되는 사람을 좋아한다. 주부들은 단돈 백 원이라도 싸게 파는 가게를 단골가게로 삼는다. 이것이 사람의 심리다.

하나를 얻으려면 하나 이상을 반드시 주어야 한다. 그래야 개인의 변혁과 발전이 가능하다. 아깝다고 생각하지 말고 하나를 얻으려면 둘, 셋, 열, 백……, 더 많이 주어라. 그래야 여러분 삶이 발전하고 사람들에게 좋은 평판을 얻게 될 것이다.

㉘

외롭지 않으려거든 먼저 다가서라
- 인생의 공존 법칙

현대인만큼 고독에 몸부림치는 인류도 없을 것이다. 산업화 시대가 가속화되면서 농경시대의 가족 중심의 분위기가 해체되기 시작하였고 지금은 1인 가구가 절반에 육박하는 시대가 되었다. 마트에 가도 소포장이 더 잘 팔린다. 식당에도 혼자서 밥을 먹는 사람이 늘었다. 혼자 사는 원룸의 수요가 폭발적으로 증가했다. 그만큼 혼자 사는 사람이 많아졌다는 뜻일 것이다. 이러한 사회적 추세에 맞게 사람들은 혼자 사는 일에 점점 익숙해지고 있다. 그리고 외로움도 그만큼 더 자주 느끼게 되었다. 외로움. 누구나 한 번쯤 뼈저리게 느꼈을 법한 감정이 아닌가.

인생이 내게 가르쳐 준 스물여덟 번째 비밀은 바로 외로움에

대한 법칙이다. 인생은 내게 말해 주었다.

"외롭지 않으려거든 먼저 다가서세요. 이것이 인생의 공존 법칙입니다. 인생은 함께 사는 공존의 장이랍니다. 비록 혼자 산다고 해도 포괄적으로 보면 그대는 혼자가 아니거든요. 모든 사회는 혼자가 아닌 여럿이서 함께 만들어 가는 공동의 장이랍니다."

인생은 우리에게 외롭게 살지 말라고 은연중에 말하고 있다. 외롭게 살지 말고 먼저 다른 사람에게 다가가서 함께 사는 방법을 모색하라고 언질을 주는 것이다.

우리는 지금 더불어 살아가고 있는 중이다. 옆집에 사는 이웃이 없다면 얼마나 외로울까. 학교에 친구들이 없고 혼자서만 수업을 받는다고 상상해 보라. 회사에 동료나 상사들이 없고 혼자서 모든 업무를 다 봐야 한다면 얼마나 막막할까 상상해 보라. 거리를 걸어도 사람 한 명도 찾아볼 수 없다면 얼마나 적막할까. 원룸에 혼자 사는 사람도 실상은 혼자가 아닌 더불어 사는 공동의 삶을 살고 있는 것이다.

인간은 무척 외로운 존재지만 외로워서는 안 될 존재다. 외로움은 극한의 공포를 유발할 수 있다. 그것은 아무도 없는 빈방에서 외롭게 죽어 가지나 않을까 하는 두려움에 도달한다. 고독사라는 말이 요즘 많이 회자되고 있다. 선진국일수록 고독사가 증가하고 있으며 우리나라도 그러하다. 죽은 이의 처소를 정리해 주는 직업이 주목받고 있기도 하다.

그런데 알고 있는가. 고독사보다 더 무서운 것은 고독하게 살아있는 것이라는 것을. 고독하게 살지 마라. 그것은 스스로를 섬에 유배시키는 것이다. 우리는 혼자가 아니다. 조금만 옆을 돌아보면 나와 똑같은 모습의 사람들을 발견할 수 있다. 그들이 바로 가족이고 친구고 이웃이다.

왜 이 사회에 이토록 외로운 사람들이 많은 걸까. 그 이유는 마음의 방이 좁아졌기 때문이다. 마음의 방이 좁아진 사람은 다른 사람을 받아들일 여유가 없다. 자기 혼자서도 살기 벅차기 때문이다. 이 방이 좁아진 이유는 한 가지다. 바로 이기심이다. 자기 자신만 챙기느라 주변 사람들에게는 무관심하게 대응한 탓에 마음의 방이 점점 좁아지고 있는 중이다. 마음의 방을 넓히려면 인생이 우리에게 조언해 주었듯이 먼저 다가서려는 시도를 해야 한다. 그것이 외로움이라는 차디찬 냉방에서 자신을 구할 길이라는 것을 알아야 한다.

친구를 사귀고 싶다면 먼저 다가서라. 가족과 관계를 회복하고 싶다면 먼저 다가서라. 사랑받고 싶다면 먼저 다가서라. 인정받고 싶어도 먼저 다가서라. 이야기하고 싶거든 먼저 다가서라. 이해받고 싶거든 먼저 다가서라. 어찌 되었든 먼저 다가서는 용기가 필요하다.

"왜 저 사람은 내게 먼저 다가오지 않는 걸까?"

이런 의문을 품는 사람이 되지 마라. 그 시간에 오히려 먼저 다가서려고 시도하는 것이 낫다. 인생의 공존 법칙이란 먼저 다가서려고 하는 자에게 외로움을 면해 주는 신의 선물이다. 즉, 타인에게 먼저 다가서려는 시도를 하는 사람은 외롭지 않을 것이라는 말이다. 그런 시도가 성공하든 실패하든 나름대로 가치가 있다는 뜻이다. 이제부터 외롭다고 서러워하지 마라. 여러분에게는 여러분을 사랑해 줄 사람들이 있다. 그 사람에게 먼저 다가서라. 외로움은 벗으라고 준 외투와도 같다. 그것을 입고 있느냐 벗느냐는 각자의 선택이다. 단, 너무 오래 입고 있으면 곤란한 외투다. 빨리 벗을수록 좋은 외투이다. 외로움 대신 공존을 택해라. 그렇게 하면 삶이 훨씬 더 풍요로워질 것이다.

㉙

신뢰를 쌓아라, 그러면 인정받을 것이다
- 인생의 신뢰 법칙

사람은 살면서 참으로 많은 약속을 한다. 하루에 하는 약속의 개수를 손가락으로 헤아려 보자. 곰곰이 세다 보면 열 손가락이 부족할 것이다. 전화로 하는 약속, 메일로 하는 약속, 직접 만나서 하는 약속 등등. 인간의 교류는 약속으로 인해 이루어지고 있다고 봐도 과언이 아닐 정도다.

직장인이 제시간에 출근하는 것도 약속의 일환이다. 회사와 그 시각에 출근하겠다고 약속했고 자신과도 그 시각에 출근하겠다고 약속했기 때문에 매일 아침 똑같은 시각에 맞춰 출근하는 것이다. 학생들이 학교에 가는 것도 약속의 일종이다. 주부들이 집안일을 하는 것도 약속의 일환이다. 언뜻 보면 주부들은 매일

별다른 일 없이 노는 것 같지만 모두 자신과의 약속에 맞춰 설거지를 하고 집 안 청소를 하고 요리를 하고 아이들을 돌보고 있는 것이다. 약속에 대한 개념이 없는 주부는 어떨까. 집안일은 나 몰라라 하고 화투를 치러 다니거나 PC방을 다닌다. 물론 자식들도 돌보지 않고 방치한다. 약속은 이처럼 사회 구성원 모두가 제 몫을 하게 만드는 보이지 않는 규칙인 것이다.

약속은 타인과의 약속도 있고 자신과의 약속도 있다. 인간은 자유와 구속이라는 두 가지 측면을 조화롭게 이용하면서 살아가고 있다. 때로는 자유롭게 살지만 때로는 구속받고 싶은 것이 사람이다. 약속은 서로 간에 정한 규율이다. 언제 어디서 무엇을 어떻게 하겠다는 것들을 합의한 것이다. 그런데 이런 상호 간의 약속을 잘 지키지 않는 사람들이 있다. 약속을 지키지 않는 사람은 약속을 별 의미 없는 것이라고 여기는 듯하다. 그런데 대수롭지 않게 여겼던 약속이 한 사람의 삶에 지대한 영향을 끼치는 경우가 있다. 약속을 어김으로써 감당해야 할 것이 너무 많아서 인생을 송두리째 망치는 경우도 있다. 약속이란 사소한 것 같지만 인간관계에 치명적인 핵이 될 수 있음을 기억해야 한다. 약속을 잘 지키는 것은 사람과의 관계에서 가장 기본적인 예의다.

인생은 내게 약속에 관한 비밀을 가르쳐 주었다.

"그대여, 부탁할 말이 있습니다. 신뢰를 쌓으세요. 약속을 잘

지키세요. 그러면 인정받고 사랑받는 사람이 될 거예요."

이것이 인생이 내게 가르쳐 준 스물아홉 번째 비밀인 인생의 신뢰 법칙이다.

이 말을 반대로 해보자.

"신뢰를 쌓지 않고 약속을 잘 지키지 않으면 인정받지 못하고 사랑받지 못할 겁니다."

사람과 사람은 약속이란 자율적인 규칙으로 무엇인가를 교류한다. 약속을 지키는 것은 믿음에 대한 도리다. 약속이란 서로를 믿을 때 비로소 맺어질 수 있는 믿음의 산물이기 때문이다. 이러한 믿음은 신뢰의 초석이다. 신뢰란 믿음이 쌓인 결과라고 할 수 있다. 상대방이 내 믿음을 배반할 때 느끼는 쓰디쓴 맛을 아는가. 그 사람에 대한 실망 그 이상의 것이다. 약속을 어기는 것은 나란 존재를 가장 가치 없게 만드는 일 중의 하나라는 것을 명심하라.

또한 약속을 지키지 않으면서 사회에서 리더가 되려고 한다면 그만큼 우스운 일도 없다. 리더의 자격 역시도 신뢰가 바탕이 되어야 한다. 약속을 지키지 않는 리더 밑에서 일한다고 생각해 보자. 무엇인가를 하겠다고 해놓고서 하지 않는 리더, 그 약속을 믿고 무엇인가를 해놓았더니 나 몰라라 하는 리더, 그런 리더는 리더가 아니라 다른 사람의 인생을 수렁으로 끌고 가는 사람이다. 그런 사람을 리더로서 따르느니 차라리 혼자서 일하는 것이 마음

편할 것이다.

　신뢰란 하루아침에 저절로 쌓이는 것이 아니다. 오랜 기간 동안 차근차근 쌓는 인간의 덕이다. 신뢰를 쌓는 가장 쉬운 방법이 바로 약속을 지키는 것이다. 약속을 잘 지키도록 노력해라. 할 수 있다면 모든 약속을 지켜라. 어쩔 수 없이 약속을 어기게 되었다면 진심으로 그 사실을 사과해라. 약속을 어기면서도 오히려 큰소리치는 사람들이 있는데 그런 사람은 스스로 제 무덤을 파고 있는 격이다. 자신이 약속을 어겼다면 이유가 어떠하든 일단 미안하다고 사과할 줄 알아야 한다. 피치 못할 사정으로 약속을 지키지 못했더라도 상대방에게 사과하는 사람이 되어라.

　우리가 약속을 잘 지키기 위해 서로 노력한다면 믿음이 정착될 것이다. 서로 믿고 신뢰하는 사회가 된다는 것은 인간 사회가 그만큼 견고해진다는 의미다. 인정받고 사랑받는다는 것이 목적이 아니더라도 신뢰는 쌓아야 한다. 그것이 우리 모두가 더불어 잘 사는 방법이기 때문이다. 신뢰는 세상이란 대지 위에 뿌리는 찰진 거름과 같다. 신뢰야말로 냉소적인 인간관계를 따뜻한 정이 흐르는 관계로 만들고 얼어붙은 사람들 가슴을 환하게 밝혀주기 때문이다. 사람이라면 무엇을 약속하든 그 순간부터 그 약속은 지켜야 할 것이 된다. 약속의 주체가 다른 사람이 아닌 자기 자신이기 때문이다.

30

미소는 미소로 보답받는다
- *인생의 미소 법칙*

인생은 내게 그가 소중하게 간직해 온 서른 번째 비밀을 가르쳐 주었다. 그것은 우리가 너무나 잘 알고 있는 것이다. 하지만 평소에는 잘 실천하지 않는 일이기도 하다. 미소! 미소는 미소로 보답받는다는 진실. 이 말을 살짝 뒤집어 보면 이럴 것이다. 찡그린 표정은 찡그린 표정을 되돌려 받는다. 화난 얼굴은 화난 얼굴로 보답받는다. 짜증을 부리면 짜증으로 보답받는다. 우울한 표정은 우울한 얼굴로 보답받는다. 실제로 사람들은 이런 경우를 자주 겪는다. 인간과의 관계에서만 이런 것은 아니다. 강아지에게 실험 삼아 해보라. 강아지에게 미소를 짓고 친절하게 대할 때와 성질을 부리면서 발로 걷어차 보라. 어떻게 반응하는가.

서른 번째 비밀, "미소는 미소로 보답받는다"는 우리가 세상에 내보내는 감정이 상대방에게 그대로 투사된다는 의미의 비밀이 아닐까 싶다. 사람들에게 있어서 미소란 삶의 단비와 같은 것이다. 좀처럼 웃을 일이 없는 세상살이에 누군가가 뜻하지 않게 미소를 지어 준다면 지친 마음에 활력이 될 것이다.

미소는 미소로 보답받는다는 것을 기억하자. 인생에는 미소 법칙이 있다. 그건 우리가 짓는 표정 즉, 감정이 상대방에게 투영된다는 것이다. 이 법칙에 따르면 인간의 감정은 전염성이 있다. 그래서 미소를 지으면 미소가, 화가 난 사람에게는 화가, 짜증을 부리는 사람에게는 짜증이라는 감정이 다시 돌아오게 되는 것이다. 인간 감정은 복잡 미묘하지만 심리적으로 충분히 조율할 수 있다. 미소를 받고 싶다면 평소에 자신이 얼굴에 미소를 띠어야 할 것임은 자명한 일이다.

가끔 사람들은 이렇게 투덜거린다.

"왜 저 사람은 나만 보면 인상을 찌푸리는 거야?"

이 말에 내포된 의미는 '왜 저 사람은 나만 보면 기분 나빠하지?'이다. 즉, 상대방의 부정적 감정이 내 감정에 영향을 미친 것이다. 또한 부정적인 감정에 대한 거부감의 표현이기도 하다. 그리고 또한 자신도 모르는 사이에 인상을 찌푸리게 된다. 이러한 일련의 과정은 감정에 대한 예측으로 비약시킬 수 있다. 즉, 감정도 예측할 수 있다는 말이다.

　상대방의 감정을 미리 알게 된다면 인간관계가 훨씬 매끄러워질 것이다. 그가 잠시 후에 화를 낼 것을 미리 눈치챌 수 있다면 분쟁의 불씨를 사전에 차단할 수 있게 되기 때문이다. 우리 주변에는 상대방이 화가 날 것을 전혀 눈치채지 못하고 화를 더 돋우는 말을 하다 봉변당하는 사람들이 있다. 그런 사람에게는 감정을 예측해 보는 연습이 반드시 필요할 것이다. 그렇다면 화를 낼 것을 어떻게 미리 알 수 있을까. 그건 상대방이 지금 하고 있는 말과 행동을 잘 관찰해 보면 알 수 있다. 얼굴 표정과 온몸에서 뿜어져 나오는 감정의 진폭을 감지하면 얼마든지 알 수 있다. 툭툭 던지는 말투, 거칠어진 행동, 무성의한 태도 등은 화가 마음속에서 꿈틀거릴 때 나타나는 행동 양상이다.

　미소를 지어 보여라. 그런데 미소 짓는 것이 영 어색한 사람도 있다. 그 이유는 너무 오랫동안 미소를 짓지 않았기 때문이다. 그건 또 다른 말로 이렇게 해석할 수도 있다. 너무 오랫동안 미소 짓는 타인을 보지 못했기 때문이다. 그건 다시 이 말로 귀결된다.

　"내가 먼저 미소 짓지 않았기 때문에 미소가 어색하다."

　미소 짓는 얼굴만큼 아름다운 얼굴도 없다. 우리는 무표정하고 싸늘한 얼굴보다는 미소 짓는 부드러운 얼굴을 보면서 평안을 느낀다. 그건 인간의 공통적인 느낌이다. 그러므로 주름 없이 팽

팽한 피부를 만들기 위해 노력하기보다는 주름은 조금 있더라도 인간적인 향기가 나는 미소 짓는 얼굴이 되기 위해 노력해야 할 것이다.

㉛

건강하지 않으면 아무것도 이룰 수 없다
- 인생의 건강 법칙

　인생에는 기초적인 법칙이 있다. 누구나 다 알고 있는 상식에 가까운 이 법칙을 이제 그대에게 다시 한번 알려주고자 한다.
　인생이 내게 가르쳐 준 서른한 번째 비밀은 건강에 관한 것이다. 바로 인간의 생존권과 가장 밀접하게 연결된 법칙이다. 인생은 나에게 다음과 같이 경고해 주었다.
　"건강을 지키세요. 건강하지 않으면 아무것도 이룰 수 없어요. 건강할 때 몸과 정신을 함부로 다루는 것은 훗날 큰 슬픔의 원인이 될 겁니다. 무엇을 하든지 일단은 건강해야 해요."
　수백억의 재산을 모은 자산가가 어느 날 갑자기 뇌출혈로 쓰러져서 세상을 떠났다. 그의 침대 밑에서는 엄청난 돈다발이 나

왔다고 한다. 그런데 그는 평소에 구두쇠로 유명했다. 주변 사람들 누구도 그가 수백억 자산가인 줄을 몰랐다. 절대로 친구들에게 밥을 사는 일이 없었고 가족들 생일에도 선물 하나 사주는 법이 없었다. 그렇게 해서 그가 모은 재산이 수백억이 된 것이다. 그를 무조건 비난해서는 안 된다. 그렇게까지 근검절약하면서 뭔가를 이루려고 했는지도 모르기 때문이다. 모은 돈으로 몇 년 후에 노인들을 위한 복지시설을 운영하려고 했다면 오히려 칭찬받을 만한 일이다. 그런데 그가 비난받아야 하는 이유가 단 한 가지가 있다. 그것은 자기 건강을 소홀히 여긴 것이다. 재산이 수백억이면 무엇하겠는가. 그는 이미 죽어서 이 세상에 없는데. 병원에 갈 돈 몇 푼을 아끼다가 건강을 잃는 경우는 없도록 해야 할 것이다.

　세계적인 골프 선수가 되려고 하는 사람이라면 일단은 건강해야 한다. 유명한 작가가 되고 싶은 사람이라도 가장 먼저 건강을 챙겨야 한다. 좋은 선생님이 되고 싶은 사람 역시 첫 번째로 건강해야 한다. 훌륭한 의사가 되고 싶은 사람도 역시 건강해야 한다. 그밖에 인생에서 무엇인가를 이루고 싶다면 가장 먼저 건강을 지녀야 한다. 생각해 보자. 이가 아파서 치과에 갔는데 담당 의사의 치아가 시커멓게 다 썩어 있다면? 공부하려고 학교에 갔는데 선생님께서 결핵에 걸려서 계속 콜록거린다면? 건강하지 못한 몸과 정신으로는 온전한 자기완성을 이룰 수가 없다.

굳이 세계적인 선수나 유명인이 되고 싶지 않아도 건강에 유의해야 한다. 일반적인 서민들도 건강 없이는 단 하루도 정상적인 삶을 영위하기가 힘들다. 오히려 부자들보다 더 괴로워진다. 대부분의 서민들은 몸을 움직여서 돈을 번다. 그런데 경제활동의 원천인 몸이 아프게 되면 수입이 끊기고 만다. 당장 먹을 것을 살 돈이 없어지고 잘 곳을 마련할 수 없는 처지가 된다고 해도 지나친 말이 아니다.

인생은 나에게 말했다. 건강할 때 몸과 정신을 함부로 다루는 것은 훗날 큰 슬픔의 원인이 될 것이라고. 이 말이야말로 가슴 깊이 새겨 두어야 할 명언 중의 명언이 아니겠는가. 그대가 온 세상을 가진다고 해도 건강을 잃으면 모두 소용없는 일일 뿐이다. 그러므로 평소에 건강한 생활 습관을 지녀라. 운동도 적당히 하고 건강에 해로운 음식은 멀리하라. 무엇보다도 스트레스를 잘 관리하라. 스트레스는 마음의 병이다. 마음의 병은 곧 육체의 병으로 드러나게 된다. 건강하려면 스트레스를 해소하는 자기만의 비법을 가지고 있어야 한다. 책을 읽거나 영화를 보거나 음악 감상, 여행, 요가, 자전거 타기 등 잠시라도 번잡한 생각으로부터 벗어나서 마음을 진정시켜라. 건강하지 않으면 아무것도 이룰 수 없다는 것을 늘 유념하라.

㉜

주체적으로 삶을 경영해야 행복해진다
- 인생의 경영 법칙

가난한 남매가 있었다. 남매는 가난하지만 서로를 위하고 사이좋게 지냈다. 그렇게 세월이 흘러 누나는 연예인이 되었다. 연예인인 누나가 성공을 해서 돈을 많이 벌게 되었다. 어느 날, 누나는 용돈을 주려고 남동생을 불렀다. 그동안 가난한 살림살이에 아르바이트며 온갖 일을 하면서 사는 동생이 안쓰러웠던 것이다.

"자, 이거 가지고 쓰고 싶은데 써. 누나가 요즘 돈을 많이 벌잖아. 돈 필요하면 언제든 말해."

그러자 동생이 이렇게 대꾸했다.

"누나, 미안하지만 난 그 돈 안 받을래. 내 인생 끝까지 책임져 줄 수 있어? 그렇지 않다면 이런 용돈 주지 마. 내 인생은 내가 알 알아서 할게."

이 동생이야말로 주체적인 인간의 표본이 아닐까 싶다.

인생은 내게 서른두 번째 비밀을 가르쳐 주었다. 그것은 인생의 경영 법칙에 관한 것이다. 인생은 말한다.

"그대의 생활 전반을 주체적으로 경영하세요. 자기 자신이 주도하지 않는 삶은 영혼이 없는 빈껍데기 같은 삶을 사는 것이랍니다. 주체적으로 삶을 경영해야 진정 행복해질 수 있어요. 무엇을 결정하든 자신이 최후의 결정자가 되세요. 다른 사람에게 의존할수록 자신이 할 수 있는 일들은 줄어들게 될 거예요."

주체적인 삶의 중요성은 아무리 강조해도 지나치지 않다. 갓난아기 때는 모든 걸 부모나 돌보는 이에게 의존하게 되어 있다. 혼자서 할 수 있는 일이 거의 없기 때문이다. 그렇지만 조금만 시간이 지나면 인간은 혼자서 얼마든지 자신을 감당할 수 있게 된다. 다른 사람이 기저귀를 갈아주지 않아도 혼자서 알아서 용변을 처리하고 다른 사람이 밥을 떠먹여 주지 않아도 혼자서 밥을 먹을 수 있게 된다. 또한 정신적 자립도 가능하게 된다. 십 대 후반이 되면 얼마든지 혼자서 살 수 있게 되는 것이다. 하지만 서른이 지나도 마흔이 지나도 주체적인 삶을 살지 못하는 사람들이 있다. 그들은 부모라는 편안한 그늘 밑에서 살고 싶어 한다. 그런데 그런 삶은 결코 행복을 보장해 주지 못한다. 왜냐하면 주체적이지 못한 삶은 자기 의지에 따른 것보다는 타인이 바라는 것들을 해야 하기 때문이다. 그것만큼 사람을 왜소하게 만드는 것도 없지 않겠는가.

그러므로 사람은 주체적으로 살아야 한다. 웬만큼 나이가 들면 독립을 해야 하고 스스로 먹고 살아야 한다. 그런 자식이 부모에게는 효자, 효녀인 것이다. 오십이 되어서도 늙은 부모가 식당 일을 해서 번 돈을 가지고 사는 자식이 있다면 얼마나 기가 막힌 일인가. 그런데 의외로 그런 철없는 어른들이 있다. 그런 사람이 되지 않도록 경계하라.

아이는 어른이 되기 위해 많은 것을 배운다. 수학, 과학, 영어 등등. 그중에서 가장 먼저 배워야 할 것이 바로 주체적으로 사는 방법이다. 자기를 관리하는 법을 아는 사람은 훌륭한 어른이 될 것이다. 타인에게 의지하는 것도 일종의 버릇이다. 그것은 자기 힘을 감소시키는 좋지 못한 버릇임을 기억하라. 주체적으로 살지 않으면 행복할 수 없다는 인생의 조언을 새겨듣자. 주체적으로 삶을 경영하지 않으면 자신의 가능성을 발견할 기회를 놓치게 된다.

이제부터는 모든 결정을 주체적으로 하라. 결정하는 데 있어서 어떤 외압도 받아들이지 마라. 결정의 전부를 자신이 통제하라. 예를 들어, 이사를 가고 싶다고 하면 갈지 말지에 대한 결정을 여러분 자신이 전적으로 내려라. 다른 사람의 의견은 참고사항

정도로 여기고 여러분이 최종 결정을 해야 한다. 여러분이 할 일에 대한 결정의 주체가 되는 것은 당연한 일이다. 그것이 주체적 인간의 기본적 태도다.

또한 무조건 의존하려는 마음도 깨끗이 접어라. 굳이 타인에게 의존하지 않고 혼자서도 얼마든지 살아갈 수 있음을 기억하자. 지금부터는 경제적 도움을 거절해라. 도움을 받으면 받을수록 빚은 늘어나게 된다. 도움이란 것 자체가 일종의 빚이고 타인에 대한 실례다. 돈에 대해서만큼은 확실히 독립하라.

㉝

인연을 끊지 마라,
언젠가는 그가 은인이 될 것이다
- 인생의 인연 법칙

우리는 살다가 가끔 이런 경우를 만나게 된다. 수십 년 전에 헤어졌던 사람을 중요한 자리에서 만나는 일. 혹은 길거리를 걸어가는데 초등학교 동창생이 말을 걸어오는 일. 만약 이런 경우가 생긴다면 두 가지 마음이 들 수 있을 것이다.

하나는 매우 곤란한 상황. 또 하나는 화기애애한 상황. 첫 번째 상황이 벌어지는 이유는 간단하다. 바로 헤어질 때 좋지 않게 헤어졌기 때문이다. 나에 대한 이미지가 안 좋게 남았을 것이므로 그 자리가 불편해질 수밖에 없다. 이제 헤어지면 저 사람은 다시 볼 일 없다는 생각으로 험한 말을 하였다면 더욱 그럴 것이다. 그런데 반대로 화기애애한 상황이 연출되는 경우는 어떤가. 그런 경우는 헤어질 때의 이미지가 좋았기 때문일 것이다. 지금은 이별해도 언젠가는 다시 볼 수도 있음을 염두에 두고 상대방과 기분 좋게 헤어졌다면 다시 만나도 반갑다.

인연, 사람과 사람의 관계는 인연이라는 말을 만나면서 조금 더 정감 어린 관계로 발전하게 되는 것 같다. 어떤 사람과의 관계든 인연이라고 생각하라. 그래서 그 사람에게 말 한마디를 할 때도 신중하게 하라. 상대방의 마음을 헤아려서 말을 한다면 좋은 인연이 될 것이다. 하지만 사람과 사람 사이가 항상 좋을 수만은 없다. 한쪽의 오해든 두 사람 모두의 오해든 헤어질 수밖에 없는 상황이 생기기 마련이다. 이사를 가든지, 졸업을 하든지, 취업을 위해서라든지, 혹은 싸워서라든지. 이런 이별의 순간에 어떻게 대처해야 하는지 인생이 가르쳐 준다.

인생에는 인연 법칙이란 것이 있다. 인연을 소중히 여기라는 가르침이 담긴 법칙이다. 인생은 나에게 충고한다. 서른세 번째 비밀이다.

"인연을 끊지 마세요. 지금은 비록 헤어져서 평생 다시 볼 일 없을 것 같아도 살다 보면 다시 만나게 될 테니까요. 헤어질 때도 철저하게 예의를 지키세요. 다시 볼 일 없다면서 가슴에 상처를 남기는 말을 하지 마세요. 너하고는 절대 볼 일 없을 거야, 하는 매몰찬 절교의 말도 하지 마세요. 지금 헤어지는 그 사람이 훗날 절실하게 필요한 사람이 될 수도 있음을 기억하세요. 인연은 목숨처럼 소중하니까요."

사람들은 순간의 분노가 영원할 것처럼 여긴다. 그래서 이 순간 미워 죽겠는 상대방과 헤어지면 영원히 보지 않고 살 것이라고 호언장담한다. 할 수 있는 최악의 악담을 퍼붓고 헤어지는 경우도 많다. 하지만 그런 사람일수록 또다시 만나게 되는 것이 인생의 흥미로운 면이다. 다시 볼 수 없을 것 같아도 다시 만나지는 것이 사람의 인연이다. 그러므로 순간의 분노나 미움이 영원하다고 생각하지 마라. 그때의 감정으로 누군가를 영원히 미워하고 산다는 것도 우스운 일이 아니겠는가.

헤어질 때도 품격 있게 헤어져야 한다. 미운 사람이라도 해서는 안 될 말이 있다. 특히 이런 말이다.

"우리 다시는 보지 말자."

그 말을 듣는 상대방의 마음은 결코 좋을 리가 없다. 설령 그와 다시 못 보게 되더라도 그는 영원히 그 말을 기억하면서 서운해할 것이다. 인연은 하늘이 맺어준다. 부부의 인연만 그러한 것이 아니다. 우리 주변에 있는 사람들 전부가 그 인연의 산물이다. 그렇기 때문에 누구도 경원시하는 태도로 대해서는 안 되는 것이다. 특히 헤어질 때는 더욱 예의를 갖추자. 아무리 미운 사람이라도 그가 잘 살기를 바라는 것이 인생을 공부한 사람의 자세다.

㉞

자신이 맡은 일은 정직한 자세로 정성 들여 해야 한다

- 인생의 책임감 법칙

말단 직원인 졸려 씨는 항상 지각을 했다. 그에게 주어진 일은 서류 복사나 심부름 등의 잡다한 업무였고 그는 자신이 하는 일에 늘 불만이 많았다. 그래서 항상 대강대강 하곤 했다. 그러다 회사에서 사퇴를 종용받고 말았다. 하기 싫은 일을 하지 않아도 되게 생겼으니 그는 만세를 불러야 마땅하다. 하지만 졸려 씨는 지금 울상이다. 왜냐하면 요즘 같은 불경기에 다른 직장에 취직하기가 그리 쉽지만은 않기 때문이다. 그는 책임감이 없었던 것이다. 자기가 맡은 일에 대한 책임감이 없는 사람에게 누가 일자리를 주고 싶겠는가.

인생은 서른네 번째 비밀을 내게 가르쳐 주었다. 책임감에

대한 진솔한 부탁이다.

"그대여, 오늘도 하기 싫은 일을 억지로 했나요? 자기가 하는 일이 싫다면 그만두세요. 만약 그럴 수 없다면 최선을 다하세요. 책임감을 가지고 일을 하지 않는다면 그 일은 모든 면에서 엉망이 되고 말 겁니다. 자기 자신의 자긍심에도 손상을 줄 것이고 그 일로 인해 생겨난 부산물도 정상이 아닐 확률이 높죠. 그렇기 때문에 그대는 책임 있는 자세로 일에 임해야 하는 거예요. 자기가 맡은 일에 최선을 다하세요. 오늘 그만두는 일이라도 그만두는 순간까지는 책임지는 것이 사람의 도리랍니다."

열차가 탈선해서 수많은 사람들이 부상을 입은 아찔한 사고가 났다. 하마터면 대형 인명 사고가 날 뻔했던 그 상황에서 책임감 있는 구급대원들의 구조 덕분에 많은 사람들이 목숨을 건졌다. 반면 그 열차가 탈선한 이유는 책임감 없는 어느 한 사람 때문이었다. 선로를 점검하는 일을 하는 사람 중 한 명이 그 일을 소홀히 했던 것이다. 이처럼 한 사람의 책임감 부재가 수많은 사람들에게 피해를 끼칠 수도 있다는 사실은 놀라운 일이다. 책임감은 개인의 행복이나 성공에만 관여하는 것이 아니었다. 전 인류를 살릴 수도 있고 죽일 수도 있는 일인 것이다.

어느 나라에서는 불량식품이 판을 친다. 우리로서는 상상도 못할 재료로 먹을 음식을 만들어서 전 세계인들을 경악시킨다.

공업용 재료로 계란을 만들고 하수구에 쏟아부은 기름을 다시 수거해서 식당에서 튀김 요리를 할 때 쓰다가 적발되기도 했다. 술에 독성물질을 타서 만들어 수십 명이 죽기도 했다. 이것은 모두 식품업자들이 책임감이 없기 때문에 벌인 일들이다. 자기가 만든 음식을 먹고 사람이 죽을 수도 있다는 조심성이 없이 돈만 벌면 그만이라는 식으로 음식을 만든 결과인 것이다.

  책임감이란 어떤 일에 대한 정신적 태도다. 책임감이 있다는 건 일을 하는 데 있어서 정직한 자세로 정성 들여 하는 것을 의미한다. 불량 식품업자가 정직하고 일을 정성 들여 한다면 절대로 불량식품을 제조하지 않았을 것이다. 또한 열차 사고를 불러일으킨 선로 보수 직원도 자기 일에 정직하고 정성 있는 자세로 임했다면 선로가 어긋나서 열차가 탈선하는 불행도 생기지 않았을 것이다. 무슨 일을 하든지 자신이 그 일의 책임자임을 잊지 말라. 책임감 있는 사람은 벌써 자세부터가 다르다. 허리를 곧게 펴고 눈을 빛내며 일에 임한다. 맡은 바 일을 훌륭하게 완수하는 것 못지않게 좋지 않은 결과가 생겼을 때 자기 잘못을 인정하는 것도 중요하다. 그것도 역시 책임감 있는 사람의 자세다. 정직한 마음으로 정성껏 모든 일들을 처리하라. 책임감 있는 모습은 그 어떤 치장이나 겉모습보다 더 매력적이라는 것을 잊지 말자.

긍정하는 습관이
자유로운 삶을 만든다
- 인생의 긍정 법칙

 자유를 구속당해 보지 않은 사람은 자유의 절실함을 알지 못한다. 항상 자유롭게 뭔가를 하던 사람은 그것이 삶의 얼마나 큰 기쁨인지 깨닫지 못하는 것이다. 하지만 몸만 자유롭게 산다고 해서 자유로운 삶을 사는 건 아니라는 걸 알아야 한다. 인간이 진정으로 자유를 누리기 위해서는 몸과 정신과 영혼이 모두 구속되지 아니해야 할 것이다. 그런데 현대인들은 몸은 자유롭지만 정신과 영혼이 구속된 채 사는 경우가 많다. 정신과 영혼을 구속하는 것의 정체는 무엇인가.

 인생은 내게 자신이 지닌 서른다섯 번째 비밀을 가르쳐 주었다. 그것은 인생의 긍정 법칙이다.

"지금 마음이 답답하신가요? 그럼 그대의 정신과 영혼이 지금 어딘가에 갇혀 있는 중이랍니다. 그대를 가두고 있는 건 바로 부정적인 생각이에요. 긍정적인 생각을 하지 않는 이상 그 감옥에서 빠져나올 수는 없답니다. 긍정하세요. 긍정하는 습관이 자유로운 삶을 만듭니다. 조건에 구애받지 않고 긍정할 수 있도록 자신을 담금질해 보세요. 그럼 진정으로 그대는 자유로워질 것입니다."

긍정, 긍정은 무엇인가. 우리는 긍정에 대해 공부해야 한다. 긍정은 단지 부정적으로 생각하지 않는 것 이상을 의미한다. 긍정적인 사람이 된다는 건 부정적인 생각을 버리는 것에서 더 나아간다. 긍정이 가득한 사람은 부정적으로 생각하는 것을 멈추고 부정적일 수밖에 없는 환경에서도 긍정할 수 있는 점들을 발견하고 실천한다. 즉, 어떤 불행한 상황에서도 부정을 긍정으로 바꿀 수 있는 생각의 힘과 실천력을 지닌 사람이다. 이것은 단시간에 습득되는 자세가 아니다. 무수한 생각의 실패를 겪고 나서야 비로소 자신의 것으로 온전히 만들 수 있는 습관이다. 자기 인생이 지금 만족스럽지 않다면 부정적 요소들로 삶을 장식해 오지 않았는가, 반성해 보라.

인생은 우리에게 말하지 않는가. 긍정적으로 생각하지 않은 이상 마음의 감옥에서 빠져나올 수 없다는 사실을. 정신과 영혼이 부정적인 사고에 물들어서 날개를 꺾고 있는 동안에는 인간은 아무것도 이룰 수 없다. 그러므로 여러분은 긍정해야 한다. 그런데 여기서 주의해야 할 점이 있다. 할 수 있다는 말만 되풀이한다고 해서 긍정적인 사람이 되는 건 아니라는 점이다. 차라리 그 말 대신 직접 행동으로 옮기는 것이 백 번 낫다. 긍정이 몸에 밴 사람은 절대 생각만 하지 않는다. 늘 실행에 옮긴다.

어려운 과제를 풀어야 한다고 해보자. 한 사람은 몇 년째 이 말만 되풀이하고 있다.

"난 아마도 언젠가는 이 문제를 해결할 수 있을 거야."

말은 긍정적인데 실행에 나서지 않는 건 긍정이 아니다. 진짜 긍정은 생각과 말과 행동이 일치하는 것이다. 행동하지 않고 말만 하는 사람은 자유로운 삶을 사는 게 아니다. 그는 여전히 부정적인 생각의 감옥에 갇혀 있는 중이다. 그가 행동에 나서지 못하는 건 마음속의 부정적인 생각 때문이다.

"아직 넌 이 문제를 풀기 어려울 거야."

반면 다른 한 사람은 직접 그 문제를 풀어 나간다. 간혹 틀리기도 하지만 몇 번이고 다시 풀면서 결국 해답을 찾아낸다. 그는 긍정적 사고를 할 줄 아는 사람이며 자신의 긍정이 문제를 반드시 해결해 낼 것을 믿는 사람이다.

그대는 어떤 사람이 되고 싶은가. 인생을 공부하는 학생은 긍정적인 마인드를 지녀야 한다. 그래야 삶이 주는 난해한 문제들을 해결하는 데 두려움 없이 뛰어들 수 있을 것이다. 틀릴 것을 두려워하지 말고 과감하게 인생의 문제를 풀어 나가라. 긍정적인 생각으로 문제를 풀어가는 시간은 그대 인생의 가장 행복한 순간이 될 것이다. 틀려도 좋다! 엉터리 답을 찾아도 좋다! 즐겁게 긍정적으로 인생의 문제들을 풀어가라. 그래서 몸과 정신과 영혼 모두가 자유로운 사람이 되라.

㊱

이기려면 져라
- 인생의 필승 법칙

지는 걸 끔찍이 싫어하는 사람들이 있다. 바로 승부욕이 강한 사람들이다. 성공한 사람들 대부분이 이런 승부욕이 특히 강하다. 어릴 적부터 사람들은 이기려면 상대방을 쓰러뜨려야 한다고 배운다. 학교에서도 그렇고 회사에서도 그렇다. 경쟁에서 지지 않기 위해 필사적으로 노력한다. 그건 학생이나 회사원이나 매한가지다. 그렇게 기를 써서 이기고 나면 어떤 기분인가. 이기고 나서도 한동안 기분이 찝찝할 것이다. 상대방을 만신창이가 되게 만들어 놓고 얻은 승리는 그리 말끔하지 못하다.

인생은 자신이 지닌 서른여섯 번째 비밀을 내게 말해 주었다. 그것은 인생의 필승 법칙이다. 어떻게 해야 언제 어디서든

지지 않고 이길 수 있는지 들어보자.

"여러분은 삶이 끝없는 경주라고 생각하시나요. 그렇지 않습니다. 인생은 경쟁자를 물리치고 먼저 결승선에 도착하는 죽음의 게임이 아니랍니다. 그러니 지나친 경쟁으로 몸을 쇠약하게 만들지 마세요. 이기려면 져야 합니다. 그대의 경쟁자들에게 기꺼이 져 주세요. 무슨 말이냐면 그대가 어떤 게임을 하든지 일단은 져 주는 마음을 가져야 한다는 것입니다. 그것은 자만심을 버린다는 의미죠. 너에게 질 수도 있다는 겸허한 마음으로 경기에 임해야만 이길 수 있습니다. 그것이 진정한 승리랍니다."

나는 인생의 이 말에 격하게 공감한다. 너에게 질 수도 있다는 겸허한 마음이 없이 경기에 임한 사람의 최후를 우리는 자주 봐 오지 않았는가. 한 치의 양보도 없이 상대방을 공격하는 선수는 결국 제풀에 꺾여 쓰러지기 쉽다. 왜냐하면 내부에서 불타오르는 지나친 승부욕이 자신을 남김없이 태워 버리기 때문이다. 반대로 상대방에게 질 수도 있다는 겸허한 마음을 지닌 선수는 오히려 마음이 가벼워져서 제 실력을 발휘할 수 있다. 그는 져도 지는 것이 아니다. 언제든 다시 이길 수 있는 내적 에너지가 있기 때문이다.

이기려면 져라! 우리는 인생이 가르쳐 준 이 비밀을 공부해야 한다. 왜 이기려면 져야 하는가. 위에서 말했듯 져 줄 수 있는 아량이 있을 때 비로소 진정한 승리를 만끽할 수 있기 때문이다. 이긴다는 건 즐거운 일이다. 진다는 것보다는 어감이 좋다. 하지만 진다는 것도 그리 나쁜 일만은 아니다. 두 팀이 격돌했을 때 무승부가 없다면 한 팀은 질 수밖에 없다. 그런데 진 팀의 선수들이 지기 싫다고 으름장을 놓는다면 황당할 것이다. 지는 것도 받아들일 줄 아는 사람이 다음 경기에 참여할 수 있는 것 아니겠는가. 이기고 싶다면 져야 한다. 이것만큼 쉬운 승리법도 없다.

무슨 게임이든지 그 게임에서 지는 걸 마음속으로 연습하라. 투수라면 자신이 만루 홈런을 맞았을 때를 먼저 마음속으로 그려보아야 한다. 그리고 그 상황이 되면 어떻게 할 건지 마인드 컨트롤을 해보면 좋다. 축구선수라면 자신이 자책골을 넣거나 승부차기에서 골을 못 넣는 상황을 상상으로 미리 경험해 봐야 한다. 이렇게 미리 져 보는 연습을 하면 실제 막상 그런 상황이 되어도 침착함을 유지할 수 있게 된다. 굳이 운동선수가 아니라도 이런 방법을 적용할 수 있다. 져 보는 것, 이것만큼 확실한 인생 경험도 없다고 본다. 져라! 기꺼이 져라! 마음속에서 수십 번 수백 번 져라. 실전에서도 질 것 같으면 깔끔하게 져라. 져 보고 질 때의 그 기분을 잘 간직해라. 그래야 이기고 싶은 건전한 오기와 끈기가 생길 것이다.

㊲

과도한 욕심은 인생을 황폐화시킨다

- 인생의 소박성

1년에 10억을 버는 사람이 있었다. 그는 늘 자기 연봉이 적다고 생각했다. 평사원들이 보기에 그는 굉장한 고소득자였지만 욕심에 눈이 어두워져서 그 연봉에 만족하지 못한 것이다. 그래서 회사에 사표를 내던지고 사업을 시작했다. 처음에는 사업이 잘되었다. 약간이지만 이윤이 나기 시작한 것이다. 그런데 점점 욕심이 생긴 그는 무리하게 사업을 확장시켰다. 그렇게 해서 그는 드디어 1년에 100억 이상을 벌게 되었다. 그렇지만 얼마 되지 않아 파산하고 말았다. 왜 그랬을까. 그 까닭은 그가 과도하게 욕심을 부린 것이다. 그가 욕심 없이 순수한 마음으로 사업을 계속했다면 적어도 파산까지 가지는 않았을 것이다. 인생은 이런 무모한 욕심에 대해 우리에게 조언한다.

인생은 내게 서른일곱 번째 비밀을 말해 주었다. 그것은 인생의 소박성에 관한 것이다.

"그대여, 지나치게 욕심부리지 마세요. 욕심은 그대를 결국 파멸시킬 거예요. 하나를 가지면 하나에 우선 감사하세요. 성급하게 둘을 가지려다가는 이미 가진 하나도 잃게 될 거예요. 욕심 대신 건전한 욕망을 품으세요. 그건 욕심과 다르답니다. 욕심은 자기 분수를 모르고 나와 타인을 희생시켜서 재물과 명예를 얻으려는 것이지만 건전한 욕망은 자기 분수를 잘 알고 나와 타인을 괴롭히지 않고 순수하게 노력함으로써 꿈을 성취하는 것이니까요. 과도한 욕심은 그대의 인생을 황폐화시킬 겁니다. 소박한 마음으로 사세요."

소박하게 살자. 인생은 우리에게 소박하게 살라고 조언한다. 물질만능주의 세상에서 소박하게 산다는 건 어려운 일일 것이다. 매일 같이 새로운 상품이 쏟아져 나오고 그 상품을 쓰지 않으면 구석기인 취급을 받는 것이 일상이니까 말이다.

중소기업에 다니는 김 부장은 몇 년 전에 산 구형 휴대폰을 여태 쓰고 있다. 그런데 회사 사람들이 그런 그를 보고 이렇게 쑤군거렸다.

"김 부장님은 왜 저래? 정말 촌스럽다. 누가 요즘 저런 구식

휴대폰을 쓴다고."

그러나 김 부장은 그런 말에 아랑곳하지 않고 오늘도 그 휴대폰을 들고 출근했다.

"왜들 그래? 통화도 잘 되고 괜찮은데. 허허."

김 부장처럼 주위 사람들의 시선 같은 것에 신경 쓰지 않고 소박한 정신을 실천하는 사람들도 있긴 하다. 그렇지만 대부분은 주위 사람들의 시선을 의식한다. 그것이 욕심의 근원이 될 수도 있음을 아는가. 과도한 욕심이 부르는 참사는 이루 말할 수 없이 많다. 자신의 경제적 형편을 고려하지 않고 욕심을 부리다가 감옥에 간 사람들이 한둘이 아니다. 자신의 지적 능력을 고려하지 않고 과도한 욕심을 부리다가 역시 범죄자가 되거나 자신을 속이는 사람들이 한둘이 아니다. 자신의 타고난 기질을 무시하고 과도한 욕심을 부리다가 적성에 맞지 않은 일을 하면서 괴로워하는 사람도 한둘이 아니다. 과도한 욕심은 삶을 파괴하는 원흉이다. 소박한 마음이 없는 사람은 욕심에 휘둘리기 쉽다. 마음을 소박하게 가꾸어라.

그럼 소박한 마음을 지닐 수 있는 방법을 공부해 보자. 소박하다는 건 조그만 일에도 감사할 줄 안다는 것이다. 소박하다는 것은 타인과 자신에게 무리한 짐을 지우지 않는 것이다. 소박하다는 건 일상이 주는 것들을 충분히 누린다는 것이다. 예를 들어, 가족들이 건강하게 잘 지내고 있다는 것만으로 고마워할 줄 아는 것이 소박한 사람의 마음이다. 앞마당에 빨래를 널면서 황금빛 햇살에 눈살을 찌푸리면서도 즐거운 것이 소박한 사람의 마음이다. 식탁에 비록 고기는 없어도 굶지 않고 밥을 먹는 사실에 감사할 줄 아는 것이 소박한 사람의 마음이다. 소박하다는 건 진정 순수한 감사를 실천하는 것임을 기억하자.

  욕심은 그대를 미치도록 괴롭힐 것이다. 끊임없이 더 좋은 것, 더 많은 것을 가져야 한다고 악마처럼 속삭이는 것이 욕심이다. 반면 소박한 마음은 어떤가. 지금 있는 것만으로도 넌 충분히 부자라고 말해 주는 것이 소박함이다. 소박하게 살자. 욕심을 버릴수록 그대의 삶은 물질적으로나 정신적으로 풍성해질 것이다.

침묵은 삶의 질을 높인다
- 인생의 침묵 법칙

사람은 감정이 격해지면 폭력적인 성향을 드러낼 수가 있다. 툭하면 화를 내는 사람들을 관찰해 보라. 그들에게는 공통점이 있을 것이다. 그들은 폭력적인 성향에 물들어 있다. 물건을 집어 던지거나 사람을 때리는 것도 폭력적 성향이 드러난 경우다. 이처럼 감정 악화의 요인에는 그 무엇보다 말다툼이 있을 가능성이 높다. 다투다 보면 서로가 지지 않으려고 목소리를 높여 가면서 나쁜 말을 하고 그리하여 감정이 격해지는 것이다. 그때 한 사람이라도 평정심을 찾고 그 자리에서 벗어나 침묵한다면 어떨까. 싸움은 거기서 그만 멈출 것이다. 혼자서 화내는 것도 한계가 있기 때문이다.

인생은 내게 서른여덟 번째 비밀을 말해 주었다. 바로 침묵에 관한 것이다.

"너무 많이 말하지 마세요. 소란한 삶은 분쟁의 씨앗이 된답니다. 때로는 침묵하는 것도 삶의 질을 높이는 좋은 방법이지요. 왜냐하면 침묵은 사람의 감정을 차분히 가라앉히고 자신을 성찰할 수 있는 기회를 주기 때문입니다. 침묵해 보세요. 이제까지 그대를 괴롭히던 온갖 말들로부터 온전히 떠나 보세요. 조용히 자신과 대화하는 시간이 바로 침묵하는 시간입니다. 침묵은 그대를 안정시키고 보다 온화한 사람으로 변화시켜 줄 겁니다."

무엇이든 지나치면 부작용이 나타나는 법이다. 말도 마찬가지다. 말을 많이 하다 보면 본의 아닌 실수를 하게 된다. 이런 실수들이 각종 분쟁의 씨앗이 되는 것이다. 인생은 우리에게 말한다. 때로는 침묵하라고. 이런 침묵의 필요성에 대해 공부해 보자. 침묵은 고요의 세계에 입문하는 것이다. 침묵은 금처럼 귀하다는 말이 생긴 것은 결코 우연이 아니다. 침묵 하나로 금보다 더 귀한 관계를 지킬 수도 있다. 또한 믿기지 않겠지만 침묵은 생명까지도 지킬 수 있다.

싸우고 헐뜯고 대립하고 논쟁하느라 힘들었을 혀를 조용히 입 속에 가두어 두라. 그것이 침묵의 외적인 방법이다. 그리고 내적인 변화도 일어난다. 혀가 움직이지 않을 때 마음속에는 생각의 혀가 움직인다. 생각의 혀는 침묵하는 시간 동안 자신의 내면을 깊이 들여다보게 된다. 침묵함으로써 그동안 몰랐던 자신의 단점과 고쳐야 할 점을 깨닫는 것도 이런 이치 때문이다.

말하고 싶어도 참는 연습을 하라. 예를 들어서 이런 경우일 때 침묵해 보자. 자식이나 배우자가 밤늦게 들어와서 잔소리를 하고 싶어질 때, 친구가 어리석은 행동을 해서 충고해 주고 싶을 때, 동료가 바보 같아서 마음껏 비웃어 주고 싶을 때, 자녀가 성적이 떨어져서 혼내주고 싶을 때, 부모님이 사사건건 간섭해서 화내고 싶을 때 등. 이런 경우에는 말하지 말고 참는 것이 침묵의 유효성을 확인할 수 있는 계기가 될 것이다. 마구 말하고 싶은데 참는다는 것은 쉬운 일은 아니다. 그러나 그걸 자꾸 연습함으로써 삶이 평화로워질 수 있다는 것을 기억하자. 침묵은 지극히 이기적인 것일 수도 있고 지극히 이타적인 것일 수도 있다. 자신을 위하고 타인을 위하고 세상을 위한 것이 바로 침묵이라는 금이다.

(39)

거절도 기술이다, 예의 바르게 하라
- 인생의 거절 법칙

사람을 대하는 태도는 사회에서의 성공을 결정하기도 하고 삶의 질을 결정하기도 한다. 태도는 사람의 인품을 결정하는 첫 번째 기준점이 된다. 특히 거절을 어떻게 하느냐는 매우 중요하다. 사랑에 있어서나 일에 있어서 특히나 중요한 것이 거절이라는 사실을 우리는 부정할 수 없을 것이다. 거절하는 법을 잘 몰라서 원치 않는 교제를 하면서 고민하는 사람이 의외로 많다.

"그가 날 좋아한다는데 난 도무지 끌리지 않아, 어쩌면 좋지?"

이렇게 고민하는 여자도 있고 그 반대의 경우도 많다. 또한 상대방이 제시한 일을 거절하는 게 서툴러서 곤욕을 치르는 경우도 있다.

 인생은 이런 거절에 대한 법칙을 내게 가르쳐 주었다. 인생은 자신이 간직한 서른아홉 번째 비밀을 내게 기꺼이 말했다.
 "그대여, 거절하는 것은 수긍하는 것보다 몇 배는 더 진중하게 생각한 후에 하세요. 거절은 상대방의 가슴에 비수를 꽂을 수도 있는 위험한 일이랍니다. 그대의 거절 한마디가 상대를 평생 아프게 할 수도 있다는 사실을 잊지 마세요. 거절은 최대한 예의 바르게 하세요. 상대방이 제시한 것들이 별 볼일 없고 형편없어도 결코 그것을 짓밟고 폄하하지 마세요. 끝까지 칭찬하고 받아들일 수 없음을 애석해하세요. 그것이 거절의 기술입니다."
 인생은 우리에게 말한다. 거절할 때 칭찬하고 받아들일 수 없음을 애석해하라고. 그런데 그것이 말처럼 쉬운 일은 아니란 걸 잘 안다. 단점을 꼭 찍어서 지적하고 싶고 비평하고 싶어서 입이 근질거리기 때문이다. 하지만 상대방의 입장에서 생각해 본다면 어떨까. 거절당하는 것도 서러운데 생각지 못한 단점까지 지적받는다면 매우 슬플 것이다. 우리가 그 사람 단점에 대해 굳이 말하지 않아도 다른 이들이 그 단점을 지적할 기회는 많다. 그러니 우리는 상대방의 단점은 그냥 모른 척 지나가 주는 센스를 지녀야 한다. 특히 거절할 때는 더욱 그렇다.
 거절을 잘 못하는 바람에 어떤 사람에게 질질 끌려다니는 인생을 사는 사람도 있다. 친척이 운영하는 농장에서 일을 하면서도 월급도 제대로 받지 못한 남자의 이야기를 들어보자. 그는 친척 농장에서 하루 20시간 가까이 일을 하면서 다 쓰러져 가는 비닐하우스에서 산다. 그의 밥통에는 해 놓은 지 일주일이 넘은 것 같은 누런 밥이 있고 가끔 친척에게 구타도 당한다. 그는 약간 신체장애는 있지만 분명히 정상적인 사고를 할 수 있는 사람이었다. 그런데 친척이 도와달라고 하자 거절하지 못해서 무려 십오 년 동안 사람대접도 못 받으면서 지내고 있는 것이다. 그를 구출하기 위해 사람들이 찾아갔다. 남자는 드디어 그 농장에서 빠져 나오게 되었다. 그는 후회했다.

"제가 거절을 잘 못해서. 그동안 나오고 싶은 마음은 굴뚝같았는데."

이 이야기는 지인에게 들은 이야기다. 실제로 어느 곳에서 벌어진 일이라고 한다. 거절을 잘 못하는 것도 답답한 일이다. 거절할 때는 단호하게 거절을 해야 한다. 그래야 자기 삶을 지킬 수 있다. 단, 상대방의 자존심을 건드리지 않고 거절하는 법을 익혀야 한다. 무리하게 상대방을 비난하면서 거절해서 무엇하겠는가. 내가 어떤 일을 하고 싶지 않다면 그 일을 하고 싶지 않다고 간단히 말하면 된다. 상대방이 이유를 묻는다면 들어서 기분 나쁘지 않은 말로 거절 이유를 설명하면 된다.

예의 바른 태도는 언제 어디서든 환영받는다. 거절할 때의 예절을 기억하자. 절대로 상대방을 모욕하지 말 것. 어떤 경우에라도 상대방이 지키고 싶은 최후의 자존심을 건드리지 말 것. 거절도 예의 바르게 하라. 이것은 인간에 대한 최소한의 배려다.

⑩

세상에 무엇을 남길 것인가 생각하라
― *인생의 유산 법칙*

조직 폭력으로 사회에 물의를 일으켰던 한 사람이 죽었다. 그 사람의 인생은 무엇을 남겼을까. 성직자로 한평생을 희생과 봉사로 살아온 한 사람이 죽었다. 그 사람의 인생은 무엇을 남겼을까. 어떤 사람이든 남기는 건 있다. 다만 그 내용이 각자 다를 뿐이다. 어떤 이의 일생을 알고 싶다면 그가 남긴 인생의 유산을 보면 된다. 유산이란 죽은 후에 남겨지는 것이다. 인생의 유산이란 인생을 살아온 동안 그가 먹고, 마시고, 자고, 생각하고, 일한 후에 남겨진 것들을 의미한다. 구체적으로 보면 인생의 유산은 한 사람의 행적이다.

인생은 내게 마지막 비밀을 가르쳐 주었다. 마흔 번째 비밀

은 바로 인생의 유산에 관한 것이다. 인생은 우리에게 말한다.

"그대여, 이 세상에 무엇을 남길 것인가를 생각하세요. 죽은 후에 이 세상에 남겨진 것이 그대의 유산이랍니다. 인생의 유산은 최악의 것이 될 수도 있고 최선의 것이 될 수도 있어요. 최악의 유산을 남기는 사람이 될지 최선의 유산을 남기는 사람이 될지 스스로 선택해 보세요."

나는 작가로서 글을 쓰면서 생각한다. 나의 작품이 내 인생의 유산이 된다면 어떻게 써야 할 것인지를. 고뇌의 순간을 거치지 않고 쓴 글들은 아무런 감동이 없다. 왜냐하면 절실하지 않고 깊이가 없기 때문이다. 자신이 하는 일이 훗날 이 세상에 남겨질 위대한 유산이라고 생각한다면 함부로 일할 사람은 아무도 없지 않을까 싶다. 그 일이 책을 만드는 일이든지, 그림을 그리는 일이든지, 사람들을 상대로 영업을 하는 일이든지에 관계없이 그러하다.

내가 발행하는 책이 사람들에게 인생의 지혜와 마음의 위안을 줄 것이라고 생각하는 출판사 발행인이 대충 아무렇게나 책을 만들까? 내가 그리는 이 그림을 다음 세대가 보면서 삶의 휴식을 얻고 생각의 지평을 넓힐 것이라 생각하는 화가가 성의 없이 그림을 그릴 수 있을까? 내가 만드는 물건이 내가 죽은 후에도 남아서 많은 사람들에게 무수한 영감을 주고 편리를 제공한다면 어찌 정성을 들이지 않겠는가.

인생의 유산이란 한마디로 개인의 총합이다. 한 개인이 살아온 발자취요, 그가 남긴 흔적이다. 또한 그가 이 세상에 말하고 싶은 마음이다. 범죄를 일삼으면서 모은 돈을 남긴 사람은 돈이 아니라 그가 범죄를 저지를 때의 마음을 남긴 것이다. 아무도 모를 것 같아도 그 돈을 물려받는 사람은 그 돈이 어떻게 해서 만들어진 것인지 알게 된다. 아무것도 모은 것 없이 가난한 이웃에게 사랑을 베풀다가 떠난 기부천사가 남긴 것은 무엇일까. 그는 집도 없었고 남긴 돈도 없는데 무엇을 남긴 것일까. 그는 눈에 보이지 않는 사랑과 희생, 봉사, 인류애, 아름다운 선행의 마음을 남겼다. 또한 인간으로서의 도리를 행함으로써 남겨진 이들에게 삶의 교훈을 안겨주었다.

선행 장면을 목격한 사람은 단지 그 장면을 바라보는 것만으로도 면역력이 증가한다. 실제로 오지에서 봉사를 하는 다큐 영화를 본 그룹이 다른 기타의 영화를 본 그룹보다 면역세포인 T 임파구 세포가 대폭 증가한 실험 사례가 있다. 그만큼 착하게 다른 존재를 대한다는 것은 파급 효과가 크다는 증거다.

쓸쓸한 묵정 묘 앞에 나무로 만든 작은 묘비가 서 있다. 그 묘의 주인은 자기 자신이다. 묘비명을 쓴 사람은 물론 묘 안에 잠든 사람이 살아온 일생을 모두 알고 있는 사람이다. 어떤 묘비명을 얻고 싶은가. "여기에 평생 다른 사람을 괴롭히고 돈만 밝히던 악질 인간이 잠들다." 혹은 "아름다운 마음씨와 선행으로 많은 이들의 가슴에 사랑과 희망의 꽃을 피운 천사와 같은 이가 잠들다." 사람은 죽어서 자신의 모든 걸 적나라하게 드러내게 된다. 살아서는 이것저것으로 추한 면을 감출 수 있었겠지만 죽은 후에는 그것이 불가능하게 되기 때문이다. 인생의 유산으로 무엇을 남길 것인가를 늘 생각하라.